平天下

中国古典治理智慧

人民日报海外版『学习小组』编著

人民出版社

策　　划：洪　琼　张永恒
责任编辑：洪　琼
版式设计：顾杰珍
责任校对：高　敏

图书在版编目（CIP）数据

平天下：中国古典治理智慧 / 人民日报海外版“学习小组”编著 .
－北京：人民出版社，2015.4（2017.10 重印）
ISBN 978－7－01－014452－8

I. ①平…　II. ①人…　III. ①中华文化－通俗读物　IV. ① K203-49

中国版本图书馆 CIP 数据核字（2015）第 019158 号

平 天 下
PING TIANXIA
——中国古典治理智慧

人民日报海外版“学习小组”编著

人民出版社 出版发行
（100706　北京市东城区隆福寺街 99 号）

北京汇林印务有限公司印刷　新华书店经销

2015 年 4 月第 1 版　2017 年 10 月北京第 18 次印刷
开本：710 毫米 ×1000 毫米 1/16　印张：19.5
字数：260 千字　印数：190,001－200,000 册

ISBN 978－7－01－014452－8　定价：49.00 元

邮购地址 100706　北京市东城区隆福寺街 99 号
人民东方图书销售中心　电话（010）65250042　65289539

目录

治理现代化离不开传统营养（代序）

张德修

当代中国正在进行伟大的变革，中央提出了全面深化改革的总目标："完善和发展中国特色社会主义制度、推进国家治理体系和治理能力现代化"。

这两句话中，"推进国家治理体系和治理能力现代化"是一个全新的提法，也是中国在过去六十多年社会主义建设经验的基础上，面向未来提出的一个崭新目标和艰巨任务。我们没有任何现成的样板可以照搬，只能从历史和现实的经验、教训中，汲取养分，推陈出新。

中国有着悠久的国家治理历史和经验，世界各国也发展出了各类不同的政治运作模式，怎么择其精要，为我所用？首要还是要解决取舍标准的问题。

习近平同志讲："一个国家选择什么样的治理体系，是由这个国家的历史传承、文化传统、经济社会发展水平决定的，是由这个国家的人民决定的。"这句话里，实际上提出了三种标准——

一是历史传承和文化传统，这是"中国性"。中国发展到今天，是内生性演化的结果。尽管在历史上，我们曾经有过沦为半殖民地的屈辱史，有过激烈的革命斗争史，但是作为“中国”的根骨没有变。

二是经济社会发展水平，这是“时代性”。经济基础决定上层建筑，当代中国的国情，也决定了对发展道路和发展阶段的认识，决定了改进和完善治理体系的阶段性目标。

三是要看这个国家的人民，这是“人民性”。改革的最终目的还是增进人民福祉，让改革红利惠及全体人民。这也是检验一个国家治理体系和治理能力水平的根本标准。

而这三个标准中，如何对待中国的历史传承和文化传统，近代以来一直聚讼纷纭。

中国的现代化过程，与世界其他国家相比有一个很大的不同，在于近代列强环伺、积贫积弱的国际国内环境，曾经激发出强烈的反传统运动。像“五四”前贤，很大一部分人的学问涵养于传统文化，却站出来激烈反对传统，想把中国从五千年历史中拔擢出来，断灭过去。这固然是为打破旧世界、创造新世界而造势，有其积极意义；但另一方面，其矫枉过正的姿态也在很长一段时间内，影响了后来者，甚至将传统等同于封建糟粕，避之唯恐不及。

时过境迁，随着中国在经济上的崛起，中国人也渐渐找回了自信。人们意识到，真正的改革发展并非凭空而来，而是继承中的发展，改革中的扬弃。在这个意义上，五千年中华文明史、一百七十多年中国近代史、九十多年革命建设史都有一个连贯的历史逻辑，中国文化也是在不断变革中孕育着新生。同样，未来中国的治理现代化探索，也应是这个历史逻辑的发展和延续。

从这个历史大视野看，中国传统中蕴含的思想和实践精华完全可以在新形势下得到汲取和提升。比如："修齐治平"的人格成就途径，德才兼备、以德为先的用人标准，以人为本的民本政治观，与邻为善的世界观，等等，习近平同志在讲话和文稿中也多次征引。这些潜藏在各类典籍中的智慧，依然常读常新，而且能给我们新的启迪，值得珍视、慎思。其中富有时代意义的思想精髓，更值得我们发掘和阐发，进行创造性转化，使之具有当代价值，从而丰富我们的治理智慧。

作者系人民日报编委、人民日报海外版总编辑

（原载《人民日报海外版》2014 年 5 月 8 日"望海楼"专栏）

修身篇

在中国人的哲学观中，“修齐治平”是一个完整的人格成就途径。这在《礼记·大学》中有非常完整的论述：由内及外，从个体到家庭再到国家、天下，个体道德在外化过程中不断完善、充实，达到化成天下的境界。这一切的起点都在于小小个体的修身工夫。

一是个体层面。

对于领导干部来说，步入仕途首先要扪心自问的便是“我为什么要当官”。志向的高低，很大程度决定了你今后的人生高度。而志向一定，更须以“三军可夺帅，匹夫不可夺志”的勇力执著前进，“无远弗届”，“无坚不入”。

《中庸》中提到的慎独工夫，便是要人在独处的时候，也似在人前一般，时时念及心中的道德律。不要以为人不知，便可胡作非为。

二是群体层面。

“言而不信，何以为言?”守信是对他人的尊重，也是领导干部的基本为政素养。群众可不需要只会用嘴巴“开空头支票”的领导干部。

“量小非君子，德高乃丈夫”，领导干部带队伍，要容忍不同个性和脾气，知人善用。同时对不同意见甚至尖锐批评，都要有个良好心态，宽容异见。

三是态度层面。

审慎是基本素养。人不要怕犯错，但要知道哪里犯错。所以要“君子检身，常若有过”，所以要“如履薄冰，如临深渊”。

而积极的方面就更多了。要学会与时俱进，日新其德。要善于发现他人身上的优点，为我学习。要能痛下猛火工夫，对自己身上的不足及时改正，等等。

“修其心治其身，而后可以为政于天下”，修身是一门长期的功课，是做事、从政之前的必要准备，是态度的养成，也是定力的习得。不过，“慧者心辨而不繁说”，修身的大道理每个人都能说得头头是道，但聪明的人少说多做。

天行健，君子以自强不息。

【典出】《周易·乾》[1]

【原文】象曰：天行健，君子以自强不息。“潜龙勿用”，阳在下也。“见在田”，德施普也。“终日乾乾”，反复道也。“或跃在渊”，进无咎也。“飞龙在天”，大人造也。“亢龙有悔”，盈不可久也。“用九”，天德不可为首也。

【释义】天的运行刚劲有力，君子应该像它一样，发愤图强，奋斗不已。

〔1〕《周易》成书于殷周之际，亦称《易经》，简称《易》。后人视为《周易》之一部分的《易传》成书于战国时期。“易”有变易（变、化）、简易（执简驭繁）和不易（相对永恒不变）三义。传说周文王演易，由卦、爻两种符号重叠演成六十四卦、三百八十四爻，依据卦象推测吉凶。《周易》包含世界观、伦理学说和丰富的朴素辩证法，在中国哲学史上占有重要地位，对中国文化产生了巨大的影响。

天的运动刚劲强健，君子也应当如天一般自强勉励，无有止息。《周易》六十四卦，第一卦为“乾”，即“天”——在古人朴素的自然哲学里，没有什么比天地更重要。在唐代大儒孔颖达看来，所谓“天行健”，就是“天体之行，昼夜不息，周而复始，无时亏退”。自古以来讲言“天人合一”的儒家，以“君子”自居的士人，就应当“用此卦象，自强勉力，不有止息”。与“天行健，君子以自强不息”句相对，则是“地势坤，君子以厚德载物”——君子一方面要学习“天”的刚健强劲，另一方面也要学习“地”的宽厚能容；一方面要“自强不息”，另一方面则是“顺应规律”。

事实上，无论是青年学生，还是为官之人，无论年纪老少，都应从天地自然的规律中悟出此道，并遵此而行自强不息的人生。

如履薄冰，如临深渊。

【典出】《诗经·小雅·小旻》[1]

【原文】战战兢兢，如履薄冰，如临深渊。

【释义】（君子修身讲究谨慎）犹如脚踩在薄薄的冰面上，或站在悬崖边上一样，时时唯恐失坠。

〔1〕《诗经》是中国第一部诗歌总集，在先秦典籍中称《诗》，汉以后被奉为经典，才称《诗经》。它包括自西周初期至春秋中期约五百年间的作品三百〇五篇，分为《风》《雅》《颂》三大类。《雅》分为《大雅》和《小雅》，《大雅》都是贵族作品，《小雅》中，有贵族作品，也有民歌。《毛诗序》说："《小旻》，大夫刺幽王也。"郑笺订正说："当为刺厉王。"朱熹《诗集传》不明言讽刺何王，只说"大夫以王惑于邪谋，不能断以从善而作此诗。"综观全诗，作者应该是西周王朝末期的一位官吏，用诗歌来表达对朝政腐败的愤恨和其本人的忧国忧民之情。旻音 mín，天空或者秋天的意思。

《诗经·小雅》里的这句话常被后人用来形容审慎的品格。党员领导干部面对人民赋予的权力，面对组织给予的信任，应该时刻在内心保存一份敬畏心，在用权上，慎之又慎，丝毫不能懈怠。

人之所以为人者，
言也。
人而不能言，
何以为人？
言之所以为言者，
信也。
言而不信，
何以为言？

【典出】《春秋穀梁传·僖公二十二年》[1]

【原文】人之所以为人者，言也。人而不能言，何以为人？言之所以为言者，信也。言而不信，何以为言？信之所以为信者，道也。信而不道，何以为道？道之贵者时，其行势也。

【释义】人之所以成为人，是因为能言语。如果不能言语，何以称为人？言语之所以有意义，是因为能表达承诺。如果言而无信，言语再多也没有意义。

〔1〕《春秋》是鲁国的编年史，记载了从鲁隐公元年（前722）到鲁哀公十四年（前481）间二百四十二年的历史，是中国现存最早的一部编年体史书。由于《春秋》记事文字简略，后人对其进行的诠释成为"传"，到西汉就先后出现了《左氏传》《公羊传》《穀梁传》《邹氏传》和《夹氏传》等五种解释。其中左丘明《左氏传》、公羊高《公羊传》、穀梁赤《穀梁传》合称《春秋三传》，被列入儒家经典。

《穀梁传》一般认为是战国时鲁人穀梁赤所作，据《汉书·艺文志》曰："穀梁传十一卷。"和《左传》讲故事的风格不同，《穀梁传》的内容主要是阐发《春秋》的微言大义。

“信”字由人和言组成。人是社会的动物，以言语沟通，这是人区别于动物的基本特征。言语能传达信息，我们也在不断交流中了解彼此，表达信任。所以说，“信”是社会交往的基本道德。现实中，我们碰到不少人，好为浮言高论，却不能取信于人，不能落到实处，这些漂亮话越多，越是透支信任。

人而无信，不知其可也。

【典出】《论语·为政》[1]

【原文】子曰：“人而无信，不知其可也。大车无輗，小车无軏[2]，其何以行之哉？”

【释义】一个人如果没有信誉，是不可行的。

[1] 《论语》是孔子弟子及后学记述孔子言行的语录体著作。书中不但记述了孔子的社会政治思想、哲学思想、伦理思想、教育思想等，还记录了他的一些生活习惯和细节。书中记有比孔子年少四十六岁的孔门学生曾参临死的遗言，因此一般认为此书由孔子的再传弟子编纂，成书年代约在战国初期。孔子（前551—前479）中国古代思想家、教育家，儒家学派创始人。名丘，字仲尼。春秋末期鲁国陬邑（今山东曲阜）人。他的思想对中国和世界都有深远影响，被称为“圣人”“至圣先师”。孔子自称“述而不作”，真正由他亲手编写的著作恐怕没有，但中国最古老的典籍所谓“六经”可能都曾经是他讲学传授的材料。

[2] 輗：音ní，古代大车辕端用来连接横木或车轭的部件。如明朝方孝孺《越车》：“辐朽而轮败，輗折而辕毁。”軏：音yuè，古代大车车辕与横木相连接的关键。如《楚辞·九思》：“车軏折兮马虺颓，惆怅立兮涕滂沱。”

“言必信，行必果”，言而有信是君子的基本道德。孔子将“信”比作大车的輗和小车的軏。輗和軏都是车子上重要部件衔接处的销钉，如果没有輗和軏，车子会散架。人如果说话不算话，那基本的德行便立不起来。现在有些领导干部好空谈，乱许诺，到头来只是“口惠而实不至”，丢的是个人面子，损害的却是干部的整体形象。

吾日三省吾身。

【典出】《论语·学而》

【原文】曾子曰:“吾日三省吾身:为人谋而不忠乎?与朋友交而不信乎?传不习乎?”

【释义】曾子(曾参,孔子弟子)说:“我每天多次反省自身:替人家出谋划策而不忠诚吗?和朋友交往不够诚信吗?对老师传授的知识不复习吗?”

批评与自我批评，是中国共产党的三大作风之一，也是领导干部管好自己的有效方法。当前的“吾日三省吾身”，就是自我批评，它是最及时、最管用的思想武器。我们常讲，领导干部要自重、自省、自警、自励，这“四自”要求，就是对自我批评的要求。要经常警示自己，不断反省自己，严格要求自己，自觉地把自己置于党组织和群众的监督之下，及时检查自己有什么不足和缺点，同时也要管好亲属和身边工作人员。

三军可夺帅也，
匹夫[1]不可夺志也。

【典出】《论语·子罕》

【原文】子曰："三军可夺帅也，匹夫不可夺志也。"

【释义】军队的主帅可以使其丧失，但平民百姓的意志却不可强迫他放弃。

〔1〕匹夫一词，在古文中有两种常见的意思。一是指独夫，常指代有勇无谋的人，如《汉书·韩信传》："项王（项羽）意乌猝嗟（怒声突发），千人皆废，然不能任属贤将，此特匹夫之勇也。"二是指平民百姓。如《吕氏春秋·本生》："上为天子而不骄，下为匹夫而不惛。"又如现在人们常说的"天下兴亡，匹夫有责"。

这里的“志”是“意志”“志气”。人要立志，才能知道用功的方向。面对诸多挑战，没有一点“志气”充盈胸中，是万不能支撑过去的。艰难困苦，玉汝于成。在改革攻坚时期，面对质疑、退缩、观望等消极情绪，领导干部胸中也要有一点“志气”，要有自己坚强的意志，排除万难，勇往直前，否则如何担当得起历史的重责？

慧者心辨而不繁说，多力而不伐功，此以名誉扬天下。

【典出】《墨子·修身》〔1〕

【原文】务言而缓行，虽辩必不听。多力而伐功，虽劳必不图。慧者心辨而不繁说，多力而不伐功，此以名誉扬天下。言无务为多而务为智；无务为文而务为察。

【释义】聪明人心如明镜却不过多言语，能干实事却不邀功争赏，这就是他们名扬天下的原因。

〔1〕《墨子》是记载墨翟言论和墨家学派思想资料的总集。《汉书·艺文志》著录"《墨子》七十一篇"，现存五十三篇，一般认为是墨子的弟子及后学记录、整理、编纂而成。《墨子》分两大部分：一部分是记载墨子言行，阐述墨子思想，主要反映了前期墨家的思想；另一部分为《经上》《经下》《经说上》《经说下》《大取》《小取》等六篇，一般称作墨辩或墨经，着重阐述墨家的认识论和逻辑思想，还包含许多自然科学的内容，反映了后期墨家的思想。墨子（约前468—前376），名翟，班固说墨子"名翟，为宋大夫，在孔子后。"墨子善于制造守城器械等，是墨家学派的创始人。在先秦诸子百家中，儒、墨两家号称"显学"，墨子在当时的声望与孔子差不多。由于墨子倡导尚贤、尚同、兼爱、非攻、节用、节葬等主张，基本反映了劳动阶层的呼声，因此，墨子又被后人视为劳动人民的哲学家。

墨子是现实主义者，也是实干家。他说，言不在多，在于有无智慧，话不在漂亮，在于能否洞悉本质。言语如果不能付诸行动，一切都等于零。现实中，有些人只有半瓶水的储量，却喜欢到处显摆；有些人一有成绩，便急于争功邀赏。相比那些实干者，品格高下，公道自在人心。所谓“谋事要实，创业要实，做人要实”，真正成就大事业的人，必然是少说多做的实干派。

从善如登，从恶如崩。

【典出】《国语·周语下》[1]

【原文】卫彪傒适周，闻之，见单穆公曰：“苌、刘其不殁乎？《周诗》有之曰：‘天之所支，不可坏也。其所坏，亦不可支也。’昔武王克殷，而作此诗也，以为饫歌，名之曰‘支’，以遗后之人，使永监焉。夫礼之立成者为饫，昭明大节而已，少典与焉。是以为之日惕，其欲教民戒也。然则夫‘支’之所道者，必尽知天地之为也。不然，不足以遗后之人。今苌、刘欲支天之所坏，不亦难乎？自幽王而天夺之明，使迷乱弃德，而即慆淫，以亡其百姓，其坏之也久矣。而又将补之，殆不可矣！水火之所犯，犹不可救，而况天乎？《谚》曰：‘从善如登，从恶如崩。’……”

【释义】顺从良善如登山一样艰难，屈从邪恶如山崩一般迅速。

〔1〕《国语》是我国第一部国别史，纪事年代起自周穆王，止于鲁悼公，内容涉及周、鲁、齐、晋、郑、楚、吴、越八国，以记载言论为主，但也有不少记事的成分。《国语》全书二十一卷，《晋语》占九卷。司马迁说：“左丘失明，厥有《国语》。”认为《国语》为左丘所写，后人对此多有异议。

人总是有种难以克服的惰性，包括行动和道德上的惰性。行动上的惰性如好逸恶劳、“拖延症”等，如果能有严格的纪律约束，总能大体上克服。但是如果在没有外在监督的情况下，克服道德惰性，念念不忘护持一颗善心，便不容易了。人要舍恶从善，一是内心必须有强大的信念做“防护堤”，二是必须有良师益友互为提点。立志须坚，交友须慎，青年领导干部尤为切要。

富贵不能淫，贫贱不能移，威武不能屈。

【典出】《孟子·滕文公下》[1]

【原文】孟子曰："是焉得为大丈夫乎？子未学礼乎？丈夫之冠也，父命之；女子之嫁也，母命之，往送之门，戒之曰：'往之女家，必敬必戒，无违夫子！'以顺为正者，妾妇之道也。居天下之广居，立天下之正位，行天下之大道；得志，与民由之；不得志，独行其道。富贵不能淫，贫贱不能移，威武不能屈，此之谓大丈夫。"

【释义】（真正的大丈夫）富贵不能使之腐化堕落，贫贱不能使之改变志向，武力也不能使之屈服。

〔1〕孟子（约前372—约前289），名轲，邹（今山东邹县）人，曾受业于孔子之孙子思的门人，是战国中期儒学大师。孟子继承并发挥了孔子的学说和思想，是中国古代仅次于孔子的最有影响力的儒学宗师，被称为"亚圣"。《孟子》虽非孟子手笔，为其弟子所记，但内容应为孟子言行无疑。在书中，孟子主张人性论，主张仁政、王道的政治理论，提出了民贵君轻的主张。从北宋开始，《孟子》一书取得了儒家经典的地位。南宋朱熹更是将其列为"四书"之一，成为古代士子必读书。

中国文化传统中，常把有志气有作为的男子汉称之为“大丈夫”或者“丈夫”。如《汉书·李广传》：“(李) 陵便衣独步出营，止左右：‘毋随我，丈夫一取单于耳。’”又如《世说新语·识鉴》：“丈夫提千兵入死地，以事君亲故发，不得复云为名。”

孟子在与弟子景春谈论“何为大丈夫”的问题中，提到了这著名的三句话。在孟子看来，真正的“大丈夫”不应以权势高低论，而是能在内心中稳住“道义之锚”，面对富贵、贫贱、威武(强力胁迫) 等不同人生境遇时，都能以道进退。新时期，领导干部面临的急难险重任务多，诱惑也多，如何能处顺境不骄，处逆境不怨，首先要问问自己心中的“道义之锚”在哪里。

大学之道，在明明德，在亲民，在止于至善。

【典出】《礼记·大学》[1]

【原文】同引用

【释义】大学的宗旨，在于使人明白内心深处的道德，在于使人弃旧图新，在于使人达至知晓事理的至善境界。（朱熹章句义，朱熹根据程子之说："亲，当作新。""在新民"意即使民革旧求新。）

〔1〕《大学》本是《礼记》中的一篇。宋时，朱熹将其和《中庸》一起抽出，与《论语》《孟子》并列，并且作《四书章句集注》，这四部著作才有了后世"四书"的统称。朱熹引述程颐的观点，认为《大学》是"孔氏之遗书，而初学入德之门也"，当为儒家之入门读物，且置于四书之首。他又将《礼记》中的《大学》篇重新编排，将其分为"经"和"传"两部分，其中"经"一章，是由曾参记录的孔子原话；"传"十章，是曾子对孔子的理解和阐述。《大学》为人所熟知的，莫过于所谓"三纲八目"——所谓"三纲"，即"大学之道"中的明明德、亲民、止于至善；"八目"则是《大学》中提出的儒家内外修治的一套进阶过程：格物、致知、诚意、正心、修身、齐家、治国、平天下。

“大学”是与“小学”相对的。在朱熹为《大学》所作之《章句序》中，他这样描述理想的上古“三代”（尧、舜、禹）的教育系统：童蒙八岁起入“小学”，学习“洒扫、应对、进退之节”“礼乐、射御、书数之文”；十五岁入“大学”，教之以“穷理、正心、修己、治人之道”。这里的“大学之道”，就是论述“大学”的宗旨。原文中“明德”被朱熹注为“人之所得乎天，而虚灵不昧，以具众理而应万事者也”，“至善”被释为“事理当然之极”，无不具备鲜明的理学色彩。

尽管如此，古代“大学之道”探究之高妙、追求之宏远，依然当为现今大学之楷模。大学不应是职业培训所，也不应是官场的附庸，而是应该追求“至道”的地方。这种“至道”的内涵到今天自然已经改变，但精神实应传承。“穷理、正心、修己、治人之道”的人文理想，在现在整天忙着玩游戏、谈恋爱、混学分、找实习的“现实至上”的大学生中间，实在应当具有振聋发聩的启示作用。

诚于中者，形于外。

【典出】《礼记·大学》

【原文】人之视己，如见其肺肝然，则何益矣。此谓诚于中，形于外。故君子必慎其独也。

【释义】一个人如果内心真诚，能在其外表上看出来。

中国古代经典《大学》和《中庸》中，均有段落强调君子应该“慎独”。因此，“慎独”是中国人看重的一个概念。同样，中国人也认为言行如一是一个最重要的品格。一个人可能在言辞中处处粉饰自我，开口即正义凛然，但其品行终究会在行动中暴露出来。不少涉贪腐的官员被抓后，人们往往发现，此前一个月甚至几天前，他们还在大谈特谈为官清廉之道。勉强装可以混过一时，却终究百密一疏，如果长期心口不一，在其气质上、行为中也会有所异常。

莫见乎隐，
莫显乎微，
故君子慎其独也。

【典出】《礼记·中庸》〔1〕

【原文】天命之谓性，率性之谓道，修道之谓教。道也者，不可须臾离也；可离，非道也。是故君子戒慎乎其所不睹，恐惧乎其所不闻。莫见乎隐，莫显乎微，故君子慎其独也。

【释义】从最隐蔽、最细微的言行上就能看出一个人的品质，所以，君子要学会慎独。

〔1〕《礼记》是战国至秦汉时期儒家论述或者解释礼制的文章汇编。汉代把孔子所定的典籍叫“经”，后来弟子解“经”的文字叫“传”或者“记”，《礼记》因此得名。汉代有大小戴礼。东汉后期，大戴本不流行，郑玄为小戴本四十九篇作注，遂上升为经。宋代理学家从中抽出《大学》《中庸》两篇，与《论语》《孟子》合称“四书”，作为儒学基础课本。《中庸》据传是战国时期孔子后裔子思所作。郑玄的注说：“中庸者，以其记中和之为用也；庸，用也。孔子之孙子思作之，以昭明圣祖之德也。”

传统儒家哲学认为，人一生下来便秉承了天命之性，性中存有善根，遇事便生发出来，如恻隐之心。但这种善心萌动，又往往在最隐微处，只有自己知道。很多贪腐官员在忏悔书中提到，第一次受贿时，内心总觉不安，这不安便是善根。如果此时能及时克制住贪欲，护持善心，也不至于滑向深渊。所谓“慎独”，就是要人前人后一个样，就是要时时叩问自己良心是否有愧。

慎独是儒家的一个重要概念，一般理解为“在独处时能谨慎不苟”。刘少奇同志在《论共产党员的修养》对慎独作过通俗的解释：一个人独立工作、无人监督时，有做各种坏事的可能。而做不做坏事，能否做到“慎独”，以及坚持“慎独”所能达到的程度，是衡量人们是否坚持自我修身以及在修身中取得成绩大小的重要标尺。“慎独”作为自我修身方法，不仅在古代的道德实践中发挥过重要作用，而且对今天的社会主义道德建设仍具有重要的现实价值。

石可破也，
而不可夺坚；
丹可磨也，
而不可夺赤。

【典出】《吕氏春秋·诚廉》[1]

【原文】石可破也，而不可夺坚；丹可磨也，而不可夺赤。坚与赤，性之有也。性也者，所受于天也，非择取而为之也。

【释义】石头再怎么破碎，依然是坚硬的；丹砂无论怎么磨损，依旧是红色的。

〔1〕 吕不韦（前 292—前 235）战国末年的秦相国，濮阳（今河南安阳）人。以商贾起家，其最成功的投资是赞助了当时质押在赵国的秦公子子楚，即后来的秦庄襄王。庄襄王上位后，吕不韦成为丞相，被封文信侯，并率军伐灭东周。他“招致天下游士”，有食客三千，编成《吕览》。嬴政（后来的秦始皇）继位之初，尊他为仲父，他又进献嫪毐，内通太后，权势极大。嬴政成年后，以嫪毐案罢免吕不韦，吕不韦饮鸩而死。战国末年，秦相国吕不韦组织门客集体编纂的一部杂家著作，也称《吕览》，成书于秦统一六国前夕。分十二纪、八览、六论，共二十六卷，一百六十篇，计二十余万言。此书意在综合百家之学，总结历史经验，为行将出现的大一统国家提供长治久安的治国方案。

坚硬是石头的本质，红色是丹砂的本色，因此，它们不会因为外力而改变固有的本性。以物喻人，在全面深化改革的今天，面对复杂局势和各种诱惑，领导干部能否经受考验，还是要先问问自己，什么是共产党员的本质。

毛羽不丰满者，不可以高飞。

【典出】《战国策》〔1〕

【原文】秦王曰："寡人闻之：毛羽不丰满者，不可以高飞，文章不成者不可以诛罚，道德不厚者不可以使民，政教不顺者不可以烦大臣。今先生俨然不远千里而庭教之，愿以异日。"

【释义】毛羽不够丰满的，不能展翅高飞。

〔1〕《战国策》是一部国别体史书，又称《国策》《短长书》。主要记述了战国时期的纵横家的政治主张和策略，是研究战国历史的重要典籍。全书按东周、西周、秦国、齐国、楚国、赵国、魏国、韩国、燕国、宋国、卫国、中山国依次分国编写，分为十二策，三十三卷，共四百九十七篇，约十二万字。所记载的历史，上起公元前490年智伯灭范氏，下至公元前221年高渐离以筑击秦始皇。《战国策》文辞优美，语言生动，富于雄辩与运筹的机智，描写人物绘声绘色，常用寓言阐述道理，著名的寓言有"画蛇添足""亡羊补牢""狡兔三窟""狐假虎威""南辕北辙"等。《战国策》作者并非一人，成书并非一时，书中文章作者大多不知是谁。西汉末刘向编定为三十三篇，书名亦为刘向所拟定。宋时已有缺失，由曾巩作了订补。有东汉高诱注，今残缺。宋代鲍彪改变了原书次序，作了新注。今人缪文远有《战国策新注》。

《易经》的首卦：乾，便讲了从潜龙勿用、到飞龙在天的演进过程。这个基础就是要学会“沉潜”，不断积蓄能量，丰满羽翼，以待时机到来。积累越厚，后劲越足。对个人成长来说，“沉潜”是必要的学习积累过程，“人不知而不愠”，耐得住寂寞，也是种磨砺。现在社会风气浮躁，经商的想一夜暴富，为学的想一夜成名，当官的想一夜腾达，但都不想扎扎实实做点基础功课。有时看似一时得志，但基础不牢，地动山摇，终究是梦幻泡影。

齐白石作品

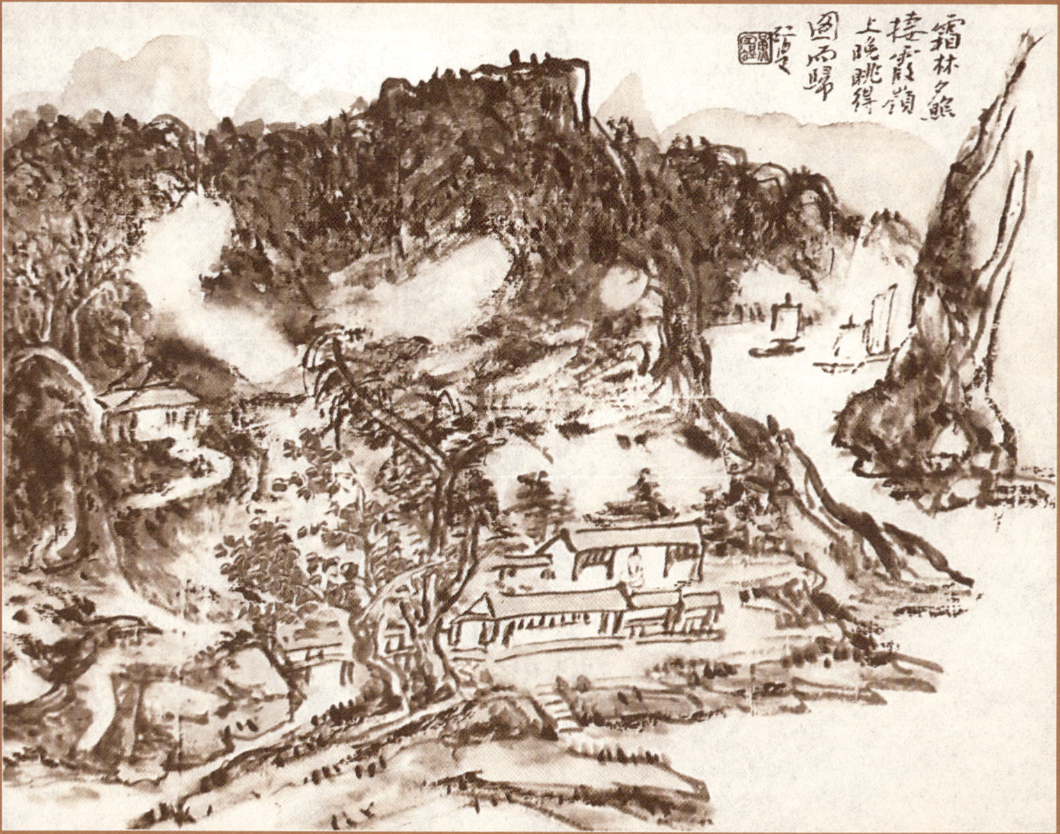

黄宾虹作品

君子[1]检身，常若有过。

【典出】《亢仓子·训道篇》[2]

【原文】人有偏蔽，终身莫自知己乎？贤者见之宽恕而不言，小人暴爱而溢言，亲戚怜嫉而贰言。人有偏蔽，恶乎不自知哉？是故君子检身常若有过。

【释义】君子检点自身，随时反省，就像常有过失一样。

〔1〕 君子是中国古代一个十分常见也非常重要的概念。常有三种意思。第一种情况是指妻子对丈夫或者女子对恋人的称呼，如《诗经·王风·君子于役》中说："君子于役，不知其期"；又如《郑风·风雨》中说："既见君子，云胡不喜？"第二种情况，特指统治者或者贵族。第三种意思最重要，指有道德的人，如《国语·鲁语上》："小人恐矣，君子则否。"所谓"君子检身，常若有过"的君子，就是指有道德的人。

〔2〕 亢仓子，据说是老子的弟子，而且是《亢仓子》一书的作者。《亢仓子》一书又称《亢桑子》，但《汉书·艺文志》和《隋书·经籍志》都没有记载。《新唐书·艺文志》著录王士元《亢桑子》二卷，注云：天宝元年诏封四子真经，求《亢桑子》不获，襄阳处士王士元谓："《庄子》作'庚桑子'，太史公、列子作'亢仓子'，其实一也"。因以《庄子·庚桑楚》篇为基础，取诸子文义相类者编造而成。

人贵有自知之明。《亢仓子》说，人们对自己的认识都会有“灯下黑”的时候。贤人因为性格宽容而不愿意多提他人短处，小人因有求于你而多有吹捧，亲戚因可怜你、爱护你所以常顺从你的脾气。久而久之，自己也容易产生完美的幻象。所以，修身要像面对镜子一样，时时反观自身，检视不足。这是反身而诚、反求诸己的修养功夫。

势利之交，难以经远。

【典出】三国·诸葛亮[1]《论交》

【原文】势利之交，难以经远。士之相知，温不增华，寒不改叶，能四时而不衰，历险夷而益固。

【释义】以权势和利益来交朋友，难以持久。

〔1〕 诸葛亮（181—234），字孔明，三国时期蜀国大臣，中国历史上杰出的政治家。由于小说《三国演义》出色的形象塑造，诸葛亮在中国几乎家喻户晓，是民间敬仰的智慧化身。从隐居南阳，到隆中对，再到联吴抗曹取得赤壁之战的胜利，继而取荆州四郡、入蜀取成都，诸葛亮辅佐刘备奠定了三分天下有其一的基础。诸葛亮在历史上曾多次主持北伐，但未能成功。建兴十二年（234），最后一次北伐中，病死在前线五丈原，谥“忠武”。他也因此被后世视为“鞠躬尽瘁，死而后已”的典范。著有《诸葛亮集》。

这讲的是交友的基本道理。历来交友有几种，有“君子之交”，虽淡如水，但心心相印，引为知己；有“刎颈之交”，患难与共，出生入死，以意气相结；也有“利益之交”，表面热乎，背后无不以利权衡，一旦某方丧权失势，就翻脸不认。交朋友，首先就看一个“真”字。因为利益联结起来的“友谊”是不真诚的，也是不长久的。尤其是领导干部手握权力，身边不乏阿谀奉承，巴结请托者，要分清“真朋友”与“假友谊”，并不容易。

以势交者，势倾则绝；以利交者，利穷则散。

【典出】隋·王通〔1〕《中说·礼乐篇》〔2〕

【原文】子曰："以势交者，势倾则绝；以利交者，利穷则散。故君子不与也。"

【释义】因权势而生的交际，一旦对方失去权势，便断绝了。因利益而生的交往，一旦没了利益，也就散伙了。

〔1〕 王通（580—617），字仲淹，河东龙门（今山西万荣）人，出身于官宦兼儒学世家，在隋时，为蜀郡司户书佐，隋代大业末年，弃官回故里，潜心著书讲学，成河西大儒，隋唐之际不少名臣如薛收、杜淹、温彦博等均出自其门下。死后，门人私谥其为"文中子"。王通著述对后世影响较大的有《中说》。

〔2〕《中说》是体现王通思想的重要著作，可能由其弟子汇编而成。此书模仿《论语》，记载了王通与其门人、朋友问答之语，对儒家学说作了比较系统的阐述，且针对南北朝以至隋代的现实，提出了一些新见解、新认识。

这说的是交友的道理。真正的朋友相交，是人格的欣赏，是心灵的共鸣。而以势利相交的，往往得势时，宾客盈门；一旦失势时，则门可罗雀。人情冷暖如此，史书上比比皆是。所以，领导干部交友尤须有一颗冷静的心，说好听话的未必出自真心，因为他们恭维的只是你背后的权力，而说带刺话的未必是恶意，很有可能是出自对你的关心和爱护。

泾溪石险人兢慎，
终岁不闻倾覆人。
却是平流无石处，
时时闻说有沉沦。

【典出】唐·杜荀鹤〔1〕诗《泾溪》

【原文】同引用

【释义】人在泾溪险石上行走时总是战战兢兢、小心谨慎，所以一年到头没人掉入水中，而恰是在平坦无险之处，却常有落水事件的发生。

〔1〕 杜荀鹤（846—907），字彦之，自号九华山人，池州石埭（今安徽石台）人。为晚唐著名诗人。他出身寒微，中年始中进士，未授官，当唐末黄巢起义军席卷山东、河南一带时，杜荀鹤从长安回家，从此“一入烟萝十五年”，过着“文章甘世薄，耕种喜山肥”的生活。后因写诗赞颂朱温，朱温取唐建梁后，被授翰林学士、知制诰等职，不久便病逝。杜荀鹤才华横溢，仕途坎坷，终未酬志，而在诗坛却享有盛名，自成一家，擅长于宫词，有《杜荀鹤文集》三卷行世。

在艰难困苦时期，人容易打起精神、激发志气，所以常会有不寻常的成就；但在事业顺畅的时候，却容易懈怠精神，放松底线，“在阴沟里翻船”。对于个人来说是这样，对一个政党来说更是如此。社会承平已久，各类腐朽思想沉渣泛起，屡禁不止，作风问题之所以成为顽疾，与社会大风气有关，更是因为我们的内心少了“底线意识”，少了“忧患意识”，少了“党性意识”。

修其心治其身，而后可以为政于天下。

【典出】宋·王安石《洪范传》[1]

【原文】修其心治其身，而后可以为政于天下，不患无位，而思德之修也，不思位之不尊，而患德之不崇。

【释义】要先修心治身，充实德行，而后才能从政。

〔1〕王安石（1021—1086），字介甫，号半山，江西临川（今江西抚州）人，因此世称临川先生，又因曾封于荆，也称王荆公。他是中国历史上著名的改革家，曾主持“熙宁变法”，意在富国强兵。他明确提出，理财是宰相要抓的头等大事。不过他的变法因为触动既得利益者而遭到巨大的改革阻力，最终没有取得成功。《洪范传》是王安石的重要哲学著作，他通过为《洪范》作传注的形式，说明天人不相干，灾异不足畏。《洪范传》认为，水、火、木、金、土是存在于时空之中、具有一定形态和物理性质的物质元素，五行既相生又相克，天地间万事万物由此构成。他“以刘向、董仲舒、伏生明灾异为蔽”，驳斥了那种认为“天有是变，必由我有是罪以致之”的荒谬观点。

《洪范》，《尚书》的一篇，旧传为箕子向周武王陈述的“天地之大法”（洪即大，范即规范律法）。今人或认为系战国后期儒者所作，或认为作于春秋。《汉书·五行志》说：“禹治洪水，赐《洛书》，法而陈之，《洪范》是也。”故亦称“洛书”。书中假托武王与箕子对话，言禹治水有功，上帝赐其“洪范九畴”（大法九种）。其中提出水、金、木、火、土“五行”及其性能作用。又提出“正直”“刚克”“柔克”三种治民方法。认为龟筮可以决疑，政情可使天象变化，在中国古代的政治哲学中，人是一切的出发点，也是最终的目的，这是中国人本主义的政治观。所谓出发点，就是“修齐治平”的“修”字。在古人看来，任何设计再精妙严密的政治体系，最终需落实到具体个人。因而，个体的修养水平是基础性的，能“修其心治其身”是为政者的基本素养，也是从政前的准备。现在，中央的用人观讲究德才兼备，以德为先，与古代的用人智慧一脉相承。

后成为汉代“天人感应”思想的理论基础。董仲舒、刘向等在为《洪范》作传注时都掺入了谶纬学说。

不日新者必日退。

【典出】《二程集·河南程氏遗书》[1]

【原文】君子之学必日新，日新者日进也。不日新者必日退，未有不进而不退者。唯圣人之道无所进退，以其所造者极也。

【释义】如果不能每日进步，那必然是天天在退步。

〔1〕 二程是两兄弟。程颢（1032—1085），字伯淳，又称明道先生；程颐（1033—1107），字正叔，又称伊川先生。二人都曾就学于周敦颐，同为宋明理学的奠基者。《二程集》是宋代思想家程颢、程颐全部著作的汇集。内容包括遗书、外书、文集、易传、经说、粹言六种，其中程颐的著作居多。遗书是二程的弟子们记下的二程语录，后来由朱熹加以综合编定。书中第一次把“理”作为宇宙本体，阐述天地万物生成和身心性命等问题，奠定了以“理”为中心的唯心主义哲学体系。其中，程颢的识仁、定性，程颐的性即理、主敬、体用一源等许多重要哲学概念和命题，是哲学史上第一次提出，为后世沿用，对宋明哲学产生了重大影响。

时间永在流逝，万事万物变动不居，学者如果不能日新其德、日新其知，便会落后于时代。用另一句话来说，就是要“与时俱进”。但在官僚体系中，“因循”是基本的逻辑，甚至是本能。“因循”保证了官僚体系的规范化运行，却往往趋于僵化。所以，“日新”是改革的精神和变革的力量。改革开放三十多年来，我们这样走来，今后，中国也依然需要在新新不停的变革中生生不息。

位卑未敢忘忧国。

【典出】宋·陆游《病起书怀》〔1〕

【原文】病骨支离纱帽宽，孤臣万里客江干。
位卑未敢忘忧国，事定犹须待阖棺。
天地神灵扶庙社，京华父老望和銮。〔2〕
出师一表通今古，夜半挑灯更细看。

【释义】即使身份卑微，依然不改忧国之心。

〔1〕陆游（1125—1210），字务观，别号放翁，山阴（今浙江绍兴）人，宋代爱国诗人。他一生创作丰富，今存其诗作九千三百多首，数量之多居中国古代诗人之首，著作有《渭南文集》《老学庵笔记》等。陆游幼年经历"靖康之耻"，对故土沦丧、人民涂炭极感痛心，后参加科举因议论恢复大计，遭当时权奸秦桧黜落，秦桧死后方出仕。他曾参加军旅生活，十分看重川陕的战略地位，因此把自己的诗集命名为《剑南诗稿》。陆诗雄浑豪放，梁启超曾评价说："诗界千年靡靡风，兵魂销尽国魂空。集中十九从军乐，亘古男儿一放翁。"陆游的诗词中，也有清新自然甚至纤丽婉约的作品。写给爱人唐琬的几首诗词都十分出色，以至于钱锺书在《宋诗选注》中说："除掉陆游的几首，宋代数目不多的爱情诗都淡薄，笨拙，套板。"

〔2〕和銮：同"和鸾"。古代车上的铃铛。挂在车前横木上称"龢"，挂在轭首或车架上称"銮"。汉·班固《东都赋》："登玉辂，乘时龙，凤盖棽丽，和銮玲珑。"又解释"和銮"为车前铃铛。陆游诗中借此代称天子的车驾。

在古人的学问进阶中，修身、齐家、治国、平天下是一个完整的人生历程，因此，在古代士大夫看来，个体的命运和社会国家的命运天然是紧密联系的。无论你身居庙堂，还是人在江湖，只要受过传统教育，便会认同，爱国、忧国是自我分内之事。

知其不善，则速改以从善。最要在『速改』上著力。

【典出】宋·朱熹《朱子语类》〔1〕

【原文】吴知先问“过则勿惮改”。曰：“程子所谓‘知其不善，则速改以从善’，曲折专以‘速改’字上著力。若今日不改，是坏了两日事；明日不改，是坏了四日事。今人只是惮难，过了日子。”

【释义】意识到自己不善的言行，就应该立刻改正从善。最要紧的是在“速改”上下大功夫。

〔1〕朱熹(1130—1200)，字元晦，后改为仲晦，号晦庵，祖籍歙州婺源(今江西婺源)，宋代最著名的理学家。他集北宋以来各派理学之大成，建立了完整而系统的理学体系。他把“理”作为哲学体系的基本范畴，明确阐述了“理”和“气”的关系。他把传统的纲常学说通俗化，讲“三纲五常”提升为当时社会最高的道德标准。朱熹生前没有取得太高的权位，但因讲学授徒、著书立说，影响广泛，死后受到宋理宗赵昀的推崇，因而成为理学正统，其学说也对后世产生了巨大而深远的影响。《朱子语类》是朱熹与其弟子问答的语录汇编，宋景定四年（1263）黎靖德以类编排，于咸淳二年（1270）刊为《朱子语类大全》一百四十卷，即今通行本《朱子语类》。《朱子语类》基本代表了朱熹的思想。

修身讲究缓养，如文火炖物。同时也讲究急攻，如猛火煮物。养的是善性；攻的是恶因。修养所面对的问题很多都是再普通不过的大道理，但为什么我们说起来简单，做起来却屡屡犯错，甚至终身犯错呢？原因就在于“知其不善”，却不能“速改”。一个错误放过了，下一个错误必然也会放过，道德惰性是自己纵容出来的，“大错误”也是从“小错误”日常积累的。

人生自古谁无死，
留取丹心照汗青。

【典出】宋·文天祥[1]《过零丁洋》

【原文】辛苦遭逢起一经，干戈寥落四周星。山河破碎风飘絮，身世浮沉雨打萍。惶恐滩头说惶恐，零丁洋里叹零丁。人生自古谁无死，留取丹心照汗青。[2]

【释义】从古至今，谁能不死？（不朽的人）留取一颗赤诚的心，永耀史册。

〔1〕 文天祥（1236—1283），初名云孙，字宋瑞，一字履善。自号文山、浮休道人，庐陵（今江西吉安）人，宋末政治家、文学家，爱国诗人，抗元名臣，与陆秀夫、张世杰并称为“宋末三杰”。宝祐四年(1256) 状元及第，官至右丞相，封信国公。于五坡岭兵败被俘，宁死不降。至元十九年（1282）十二月初九，在柴市从容就义。后期的诗作主要记述了抗击元兵的艰难历程，表现了坚贞的民族气节，慷慨悲壮，感人至深。著有《文山诗集》《指南录》《指南后录》《正气歌》等。零丁洋在今广东中山南的珠江口。1278 年 12 月，文天祥被元军俘虏，囚禁于零丁洋船中。次年正月，元军统帅张弘范攻打崖山，逼迫文天祥招降坚守崖山的宋军统帅张世杰。文天祥不从，写了这首诗表明心迹。尤以最后一句著名，视死如归的牺牲精神和浩然正气凛然纸上。

〔2〕 汗青：古时在竹简上记录，为便于书写，防止虫蛀，需先在火上煨烤，竹子水分如汗般渗出。后世便以汗青称著作完成，或代指史册。文天祥此处意指史册。

死亡，是人生的归宿。但“有些人活着，他已经死了，有些人死了，他还活着”，生命从长度上看，“人生不满百”，但是从广度上看，精神和功业却可以延续久远。关键看这短短几十年，你如何度过。真正为民办事的人，有时不我待的改革紧迫感，也有历史的战略眼光，急公利，谋长远。这一切的前提是要有一颗“丹心”，是坦荡的“赤诚之心”，也是无私的“大公之心”。

千磨万击还坚劲，
任尔东西南北风。

【典出】清·郑燮《竹石》[1]

【原文】咬定青山不放松，立根原在破岩中。
千磨万击还坚劲，任尔东西南北风。

【释义】竹子任凭风雨的打击磨砺，依然不改坚劲本色。

〔1〕 郑燮即郑板桥（1693—1765），名燮，字克柔，江苏兴化人。清代著名的画家、文学家。康熙年秀才、雍正年举人、乾隆元年进士。他中进士后曾历官河南范县、山东潍县知县，有惠政。后来以请赈饥民得罪上司，乞疾归，一辈子最高官阶也就是这十几年的“七品芝麻官”。郑板桥一生有很长时间客居扬州，卖画为生，画史上著名的“扬州八怪”之一。其诗、书、画均旷世独立，世称“三绝”，特别擅画兰、竹、石、松、菊等植物，画竹更是独步古今，喜将款题于竹石间，曾自题道：“吾之竹清俗雅脱乎，书法有行款，竹更要行款，书法有浓淡，竹更要有浓淡，书法有疏密，竹更要有疏密。”

清代的郑板桥喜欢画竹，对竹子的精神深有体认。这首脍炙人口的《竹石》诗意思明了：竹子生长虽没有肥沃的土壤，但凭一股坚韧劲和倔强气，经受住了种种磨砺和考验。新时期，面对重重的改革困局和各色的利益诱惑，领导干部能否经受住考验，“千磨万击还坚劲”，就看是不是能“咬定青山”，树立根本的信仰。中国的发展面临复杂的国际国内局势，也需要我们植根历史与现实，坚定对自身发展道路、理论和制度的自信。

志之所趋，
无远弗届，
穷山距海，
不能限也。
志之所向，
无坚不入，
锐兵精甲，
不能御也。

【典出】《格言联璧》〔1〕

【原文】同引用

【释义】志向所趋，没有不能达到的地方，即使是山海尽头，也不能限制。意志所向，没有不能攻破的壁垒，即使是精兵坚甲，也不能抵抗。

〔1〕《格言联璧》是清代出现的一种蒙学书，编著者一说为山阴金先生。这本书是历久不衰的蒙学读本，各种版本流传，刊行紊乱，版本差异较大。此书按儒家大学、中庸之道，以“诚意”“正心”“格物”“致知”“修身”“齐家”“治国”“平天下”等主要内容为框架，收集有关这些内容的至理格言。作者用意在于以金科玉律之言，作暮鼓晨钟之警，即用这些简短易懂的格言来启迪童蒙。

立志是事业的开始，也是基础。志是志向，首先要在心中树立一个正确的价值观，比如，当官为了什么？仅仅是为了捧个铁饭碗，赚个安稳钱？还是为了握着印把子，以权谋私？还是为人民服务？心志所向，是根本的信仰问题。志还是意志，大凡志向坚定的人必然有股子倔强劲，越是艰难困苦，便会愈挫愈勇。领导干部都面临着“为了谁”“依靠谁”“我是谁”三大问题，在回答这三个问题前，要先问问自己“志之所在”。

为学篇

党的十八大提出，要建设学习型、服务型、创新型马克思主义执政党。我们党为什么把学习摆在第一位？究其原因，在于学习是后两者的前提，学习好才能服务好，学习好才有可能真正创新。

重视学习，也是中国古代治理思想的传统。所谓“学而优则仕，仕而优则学”，古人很看重为官和为学之间的有机联系。荀子更是说，“学者非必为仕，而仕者必如学”，强调学习是为官者的基本素质和长期功课。

当今时代，知识更新周期大为缩短。从前讲“活到老，学到老”，好像还是一种学习境界的追求，现在看来，这已经是由“本领恐慌”倒逼回来的要求了。否则，面对日新月异的新知识、新情况、新事物，工作的科学性、预见性、主动性都会大打折扣。

今天的学习，除了学好理论、政策、法律、党情、国情，学好和自身工作领域相关的专业性知识以外，各种文史知识、中国优秀传统文化，也是学习的重要内容。

古人的话语中，寄托着古人的情怀和精神。“苟利国家生死以，岂因祸福避趋之”，“先天下之忧而忧，后天下之乐而乐”，“富贵不能淫，贫贱不能移，威武不能屈”……读其书，思其人。“见贤思齐”，这也是古代官员们正心诚意、修齐治平的一种修炼方式。

“学以致用”，学习目的在于运用于实践，“空谈误国，实干兴邦”，纸上谈兵的学习是没有意义的；比如要带着问题学，“学而不思则罔，思而不学则殆”，所谓“思”，就是有问题意识，有问题引路学起来才有方向；再比如要培养学习的兴趣，兴趣是最好的老师，“知之者不如好之者，好之者不如乐之者”，这是孔子讲的话，有了兴趣，才有动力学，也才有定力学，要不然，再平静的书斋里，也收不住对外面花花世界的意马心猿。

学而不思则罔，
思而不学则殆。

【典出】《论语·为政》

【原文】子曰："学而不思则罔，思而不学则殆。"

【释义】只学习、不思考，就会迷惘；只思考、不学习，思考也会陷入困境。

注重学习和思考之间的关系。学习包括从书本上学，也包括从实践中学。“思”可以理解为问题意识，只有带着问题学，学习才有方向。“言必称希腊”，或者认为中国应该照搬西方制度的观点，就是典型的“学而不思”；同样，解决问题也必须重视学习，通过归纳、总结过去好坏两方面的做法和借鉴他人的经验，才可能真正找到解决问题的钥匙。

知之者不如好之者，
好之者不如乐之者。

【典出】《论语·雍也》

【原文】子曰：“知之者不如好之者，好之者不如乐之者。”

【释义】懂得一种知识的人不如爱好它的人，爱好它的人不如能从中得到乐趣的人。宋代朱熹《四书集注》说：“知之者，知有此道也。好之者，好而未得也。乐之者，有所得而乐之也。”

一言以蔽之，兴趣是最好的老师。在孔子看来，学习的最高境界在于能够将学习作为一种乐趣。他自己在齐国学习韶乐，三个月不知肉味，乐在其中。今天，我们常常赞赏一些学有所成的人物如何艰苦地进行创造，其实他们从学习和创造中一定也享受到了巨大的快乐，正是这种快乐，不仅引领着他们的工作，也往往让他们忽略了物质条件的不足，最终让他们取得别人难以企及的成功。

三人行，
必有我师焉。

【典出】《论语·述而》

【原文】子曰：“三人行，必有我师焉，择其善者而从之，其不善者而改之。”

【释义】与众人相处，其中必定有可以做我老师的人。

人最忌自以为是。从知识的角度看，人不可能穷尽世间所有，个人所掌握的，只是浩渺知识海洋中的一小部分；从经验的角度看，每个人都有不同的生活经历，由经历生成的知识必然是言人人殊的；从时间的角度看，人的生命长度有限，每个人都只能是历史中一个渺小的点。“吾生也有涯，而知也无涯”，自以为是，目空一切，说到底还是“无知”。所以，聪明人应该时刻保持谦虚的心态，多看到他人的长处，善于从他人得失经历中得到宝贵经验。

博学之，审问之，慎思之，明辨之，笃行之。

【典出】《礼记·中庸》

【原文】博学之，审问之，慎思之，明辨之，笃行之。有弗学，学之弗能，弗措也；有弗问，问之弗知，弗措也；有弗思，思之弗得，弗措也；有弗辨，辨之弗明，弗措也；有弗行，行之弗笃，弗措也。人一能之，己百之，人十能之，己千之。果能此道矣，虽愚必明，虽柔必强。

【释义】博学，学习要广泛涉猎；审问，有针对性地提问请教；慎思，学会周全地思考；明辨，形成清晰的判断力；笃行，用学习得来的知识和思想指导实践。

古人谈学习的五个方面，不管是学习书本知识也好，学习某种技能也好，都得经过反复训练才能完成。“有弗学”的意思是要么不学，学就要学会；如果学了还不会，“弗措也”，也就是说绝不放弃。这段话，不是对天才，而是对一般人说的，聪明人一下就学会，你就学一百下，聪明人十次能学会的，你就学一千次。只要有这种韧劲，开始哪怕迟钝一点，也会变得聪明的；开始柔弱的人，也会变得强壮有力。

吾生也有涯，
而知也无涯。

【典出】《庄子·内篇·养生主》〔1〕

【原文】吾生也有涯，而知也无涯。以有涯随无涯，殆已；已而为知者，殆而已矣。为善无近名，为恶无近刑。缘督以为经，可以保身，可以全生，可以养亲，可以尽年。

【释义】人生是有限的，但知识是无穷无尽的。

〔1〕 庄子约生于公元前4世纪中叶，卒于前3世纪初叶，战国时期宋国蒙（今河南商丘）人，道家学派的代表人物，和老子合称“老庄”。庄子认为仁义礼乐伤害了人的天性，因此要“绝圣弃智”，认为世界上的一切事物及其差别都没有意义，因此鄙弃追名逐利。《庄子》是庄周学派的著作总集，曾由汉朝刘向编定，今本《庄子》存三十三篇，内篇七、外篇十五、杂篇十一，是晋代郭象的定本。书的思想内容接近《老子》，是道家重要经典，在唐代被尊为《南华真经》。《庄子》一书借寓言形式表达哲学见解，创造了许多优美动人的故事，在文学史上也有很大影响。《养生主》属于内篇，著名的故事“庖丁解牛”即出自此文。

读书应该多多益善，学习的追求应当是无止境的。但人的精力也是有限的，我们不可能把所有的书读完。特别是当代，新书生产量很大，加上存量书目，可谓浩如烟海。因此，人们在读书时也应该有所选择。对领导干部来说，应当围绕提高思想水平、增强工作能力、完善知识结构、提升精神境界而读书，选择那些与所从事的工作关系密切、自己爱好和有兴趣的书来读，力争在有限的时间内取得最佳的读书效果。

凫胫虽短，续之则忧；鹤胫虽长，断之则悲。

【典出】《庄子·外篇·骈拇》

【原文】彼正正者，不失其性命之情。故合者不为骈，而枝者不为跂；长者不为有余，短者不为不足。是故凫胫虽短，续之则忧；鹤胫虽长，断之则悲。故性长非所断，性短非所续，无所去忧也。意仁义其非人情乎？彼仁人何其多忧也？

【释义】野鸭的腿虽然很短，给它接上一截它就要发愁；仙鹤的腿虽然很长，给它截去一段它就要悲伤。

文风体现作风，改进作风也必须改进文风。现在有的文章很长，但是思想内涵却很匮乏，就像毛泽东同志当年所批评的那样，像“懒婆娘的裹脚”。好文章应该开门见山，直截了当，讲完即止，用尽可能少的篇幅，把问题说清、说深、说透，表达出丰富而深刻的思想内容。郑板桥写的一副对联——“删繁就简三秋树，领异标新二月花”，说的也是这个道理。当然，提倡短文、短话，也并非凡是长文就一定不好。有些重要的内容，有些深刻的道理，该强调的还是要强调。总的原则是，当长则长，当短则短，倡导短风，狠刹长风。

不登高山，
不知天之高也；
不临深溪，
不知地之厚也。

【典出】《荀子·劝学》[1]

【原文】君子曰：学不可以已。青，取之于蓝而青于蓝；冰，水为之而寒于水。木直中绳，輮以为轮，其曲中规，虽有槁暴，不复挺者，輮使之然也。故木受绳则直，金就砺则利，君子博学而日参省乎己，则知明而行无过矣。故不登高山，不知天之高也；不临深溪，不知地之厚也；不闻先王之遗言，不知学问之大也。

【释义】不登上高山，不知道天有多高；不走近峡谷，不知道地有多厚。这段话的意思反过来说还有一句常用的谚语：不知天高地厚。

〔1〕 荀子（约前313—前238），名况，字卿，赵人，战国末期的儒学大师。古书中常作孙卿。他学识渊博，继承儒家学说并有所发展，还能吸收别家之长，在儒家中自成一派。比如他主张性恶论，就和同为儒家的孟子针锋相对。他也很重视礼，认为礼在调解社会关系方面起到重要作用，其治理思想是礼法兼用、王霸并重。由于他的不少观点和以前的儒家传统说法不同，也受到后世儒家的一些非议。韩愈说荀学，“大醇而小疵”；宋代程朱理学更是扬孟子而抑荀子，晚清梁启超、章太炎等对荀子思想重新评价，肯定其在哲学史上的重要地位。

人类知识是一个漫长的积累过程。荀子在《劝学》开篇就说，学无止境。他通过形象的比喻，告诫人们学习应该抱有谦虚的态度。只有真正了解前人丰厚的知识成果，才能知道自己的不足，才能在前人的基础上进行创造。对此，大科学家牛顿也有一段名言，“如果说我比别人看得更远一些，是因为我站在了巨人的肩膀上。”

《荀子》一书经西汉刘向编定，共有三十二篇，唐代杨倞改为二十卷。一般认为，《劝学》《王霸》《性恶》等篇，都是荀子自己的作品。

不积跬[1]步，无以至千里；不积小流，无以成江海。

【典出】《荀子·劝学》

【原文】积土成山，风雨兴焉；积水成渊，蛟龙生焉；积善成德，而神明自得，圣心备焉。故不积跬步，无以至千里；不积小流，无以成江海。骐骥一跃，不能十步，驽马十驾，功在不舍。锲而舍之，朽木不折；锲而不舍，金石可镂。

【释义】不一步一步走，无可能到达千里之外；没有小河小溪的汇流，也不可能有宽广的大江大海。

〔1〕 跬，音kuǐ，古人描写人走路，举足一次，叫“跬”；举足两次，叫“步”。

读书学习并不容易，是一个需要付出辛劳的长期过程。不能心浮气躁、浅尝辄止，而应当先易后难、由浅入深，循序渐进、水滴石穿。领导干部要善于读书，善于利用时间，养成坚持不懈的习惯。一要发扬挤劲。争取每天挤出一定时间读书，特别要善于把各种零碎时间利用起来读书。二要发扬钻劲。书读百遍，其义自见。功夫下到一定程度，就能达到出神入化的境界。一本好书、一篇好文章，要反复读、仔细品，甚至把相关书籍和背景材料找来对照读、比较读，彻底琢磨清楚。三要发扬韧劲。读书最可贵的是终身坚持，无论处于哪个年龄段都孜孜不倦地读书。

学者非必为仕，
而仕者必为学。

【典出】《荀子·大略》

【原文】君子进则能益上之誉而损下之忧。不能而居之，诬也；无能而厚受之，窃也。学者非必为仕，而仕者必如学。

【释义】读书人不一定都要做官，但为官者必须坚持学习以不负平生所学。

荀子在这段话里提到了三种人："君子""学者"和"仕者"。古人讲"学而优则仕"，学者是很可能转化为仕者的，但是无论学者还是仕者，要达到君子的境界并不容易。荀子认为，君子出来做官，应该让君王的声誉更好，同时也要减少治下百姓的民生愁苦。如果做不到这点，还占据官位，那就是欺骗；没有做官的能力还享受丰厚的俸禄，无异于盗窃。因此，官员应该提高学习能力，为国家、百姓做实事，真正做到"不负所学"。

学所以益才也，
砺所以致刃也。

【典出】汉·刘向《说苑·建本》[1]

【原文】子思曰：学所以益才也，砺所以致刃也，吾尝幽处而深思，不若学之速；吾尝跂而望，不若登高之博见。故顺风而呼，声不加疾而闻者众；登丘而招，臂不加长而见者远。故鱼乘于水，鸟乘于风，草木乘于时。

【释义】要想增加才干，就要学习；要使刀刃锋利，就得勤加磨砺。

〔1〕 刘向（前77—前6），彭城（今江苏徐州）人，汉宗室。曾奉命领校秘书，所撰《别录》，为我国目录学之祖。据《汉书·艺文志》载，刘向有辞赋三十三篇，今仅存《九叹》一篇。今存《新序》《说苑》《列女传》等书，《说苑》分类记述了春秋战国至汉代的逸闻轶事，多是诸子言行，记录了不少关于治国理政的哲理格言。

在《说苑》的这个小故事里，子思讲了一个道理：要想增长本领，必须找对方法，方法找对，事半功倍。与其“宅”在家里空想（解决办法），不如向人学习来得迅速；与其踮起脚来张望，不如登上高处看得广远。要解决“本领不够”的问题，有很多办法，其中，向典型学习就是一种好办法，学习典型也是增长本领的“磨刀石”。

少而好学，如日出之阳；壮而好学，如日中之光；老而好学，如炳烛之明。

【典出】汉·刘向《说苑·建本》

【原文】晋平公问于师旷曰："吾年七十，欲学恐已暮矣。"师旷曰："何不炳烛乎？"平公曰："安有为人臣而戏其君乎？"师旷曰："盲臣安敢戏其君乎？臣闻之：少而好学，如日出之阳；壮而好学，如日中之光；老而好学，如炳烛之明。炳烛之明，孰与昧行乎？"平公曰："善哉！"

【释义】青少年好学，像太阳初升，光芒四射；壮年好学，像中午的阳光，明媚而艳丽；老年好学，像燃着了蜡烛，也会放出一缕光明。有蜡烛的光明指引，与在昏暗中摸索，哪个好呢？

在人生的每个年龄段，都不应放弃读书学习。当然，每个年龄段读书学习的目的、方法、状态也会有所不同。年轻的时候，记忆力好、接受力强，应该抓紧读一些对自己终身成长具有关键性作用和决定性影响的好书。中年的时候，精力旺盛、视野开阔，应该努力拓展读书的广度和深度，打牢一生的学问基础。年老的时候，时间充裕、阅历丰富，要有锲而不舍的精神、常读常新的态度、百读不厌的劲头，在读书世界里感悟人生、乐以忘忧。

耳闻之不如目见之，目见之不如足践之。

【典出】汉·刘向《说苑·政理》

【原文】魏文侯使西门豹往治于邺，告之曰："必全功成名布义。"豹曰："敢问全功成名布义为之奈何？"文侯曰："子往矣！是无邑不有贤豪辨博者也，无邑不有好扬人之恶，蔽人之善者也。往必问豪贤者，因而亲之；其辨博者，因而师之；问其好扬人之恶，蔽人之善者，因而察之，不可以特闻从事。夫耳闻之不如目见之，目见之不如足践之，足践之不如手辨之；人始入官，如入晦室，久而愈明，明乃治，治乃行。"

【释义】从别人那里听来的事情，没有亲眼所见的可靠；亲眼所见，又不如亲自尝试去做。

无论为学还是为政，实践都是非常重要的。只有在实际的学习和工作中探索，才能发现真问题，也才能找到解决问题的办法。做官为政更是如此，仅仅坐在办公室里听汇报、看文件，是不可靠的，拍脑袋作决定，更是会贻误大事的。为政者要真正了解社情民意，必须深入基层，亲自到社区村庄和群众交流交心。只有深入开展调查研究，才能做出切实可行的决策方案。

非学无以广才，非志无以成学。

【典出】三国·诸葛亮《诫子书》[1]

【原文】夫君子之行，静以修身，俭以养德。非淡泊无以明志，非宁静无以致远。夫学须静也，才须学也，非学无以广才，非志无以成学。

【释义】不学习就难以增长才干，不立志就难以学有所成。

[1]《诫子书》是诸葛亮临终前写给儿子的一封家书，是修身立志的名篇，其文短意长，言简意赅，主旨是劝勉儿子勤学立志，修身养性要从淡泊宁静中下功夫，最忌怠惰险躁。

诸葛亮在告诫自己孩子的这封信里，留下了许多名句。纵观全篇，可见他着重强调“静”字。只有内心宁静，才能养成定力，有了定力，才能明确志向，安心学习，增长才干。在现代社会，物质极大丰富的同时，也在不期然间助长了享乐主义和奢靡之风，这就更需要淡泊名利，涵养心性。以浮躁的心态来为人处世，终将会一事无成。

凿井者，起于三寸之坎，以就万仞之深。

【典出】北朝·齐·刘昼《刘子·崇学》[1]

【原文】夫还乡者心务见家，不可以一步至也；慕学者情缠典素，不可以一读能也。故为山者，基于一篑之土，以成千丈之峭；凿井者，起于三寸之坎，以就万仞之深。

【释义】凿井的人，从挖很浅的小坑开始，慢慢才能挖出极深的井。

〔1〕刘昼（514—565），字孔昭，渤海阜城人，北齐文学家。著有《六和赋》《高才不遇传》《金箱璧言》。《刘子》（一名《刘子新论》）十卷，题为昼所作，另说系《金箱璧言》之别称，迄无定论。

无论是对学问还是对事业来说，开端至关重要。在古今中外的论述中，都对此颇为强调，“好的开头是成功的一半”。在人的青年时期，树立何种价值取向，对于整个人生都有重大影响，而一个社会中的青年人有什么样的价值取向，则将深刻影响社会的未来。这种开端好比是“扣扣子”，如果第一粒扣错了，剩下的都会错，所以青年人一开始就要树立社会主义核心价值观。当然，这里面还有一层意思，那就是所有的伟大事业都是由细微之处逐渐积累而成的，需要有耐心、有恒心，无论是个人的人生理想，还是党和人民的事业，都是长期而渐进的过程，不能一蹴而就，所谓“行百里者半九十”，就是古人劝导做事情要有坚持下去的决心。

黄宾虹作品

徐悲鸿作品

腹有诗书气自华

【典出】宋·苏轼《和董传留别》[1]

【原文】粗缯大布裹生涯，腹有诗书气自华。

厌伴老儒烹瓠叶，强随举子踏槐花。

囊空不办寻春马，眼乱行看择婿车。

得意犹堪夸世俗，诏黄新湿字如鸦。

【释义】一个人只要饱读诗书，见识广博，不用刻意装扮，自然由内而外产生出气质风度。

---

〔1〕 苏轼（1037—1101），字子瞻，号东坡居士，眉州（今四川眉山）人，北宋时期的大文学家。有《苏东坡集》传世。苏轼在文坛成就极高，是北宋古文运动的代表人物，与其父苏洵、弟苏辙同列于"唐宋八大家"；苏诗格调清新，自成一体；词更是一扫晚唐五代以来的柔靡之风，慷慨激昂，开创豪放词派。苏轼还工于书画，宋代书法四大家"苏蔡米黄"，他位列其中。苏轼的政治生涯并不顺利。熙宁变法时，他反对王安石新法被排挤，后又因"乌台诗案"被贬黄州，在黄州他留下了《赤壁赋》《后赤壁赋》《念奴娇·赤壁怀古》等千古名篇。哲宗年间用司马光为相，打压新党，苏轼也不赞成，因此他在政治上既不见容于新党，也不受旧党待见。

钱穆曾评价说："苏东坡诗之伟大，因他一辈子没有在政治上得意过。他一生奔走潦倒，波澜曲折都在诗里见。但苏东坡的儒学境界并不高，但在他处艰难领导干部要通过研读优秀传统文化书籍，吸收前人在修身处事、治国理政等方面的智慧和经验，养浩然之气，塑高尚人格，不断提高人文素养和精神境界。通过研读历史经典，看成败、鉴是非、知兴替，起到“温故而知新”“彰往而察来”的作用；通过研读文学经典，陶冶情操、增加才情，做到“腹有诗书气自华”；通过研读哲学经典，改进思维、把握规律，增强哲学思考和思辨能力；通过研读伦理经典，知廉耻、明是非、懂荣辱、辨善恶，培养健全的道德品格。

的环境中，他的人格是伟大的，像他在黄州和后来在惠州、琼州的一段。那个时候诗都好，可是一安逸下来，就有些不行，诗境未免有时落俗套。”

纸上得来终觉浅，
绝知此事要躬行。

【典出】宋·陆游《冬夜读书示子聿》

【原文】古人学问无遗力，少壮工夫老始成。
纸上得来终觉浅，绝知此事要躬行。

【释义】从书本上得到的知识终归是浅显的，要真正了解事物本质，必须自己亲身实践。

读书学习客观上是一个去粗取精、去伪存真的过程。因此，必须联系实际，知行合一，通过理论的指导，利用知识的积累，来洞察客观事物发展的规律。古人讲的“耳闻之不如目见之，目见之不如足践之”，说的就是这个道理。毛泽东同志说，读书是学习，使用也是学习，而且是更重要的学习，讲的也是同样的道理。

学而不化，非学也。

【典出】宋·杨万里〔1〕《庸言》

【原文】同引用

【释义】学习却不能够融会贯通，不是有意义的学习。

〔1〕杨万里（1127—1206），字廷秀，号诚斋，吉州（今江西吉水）人，南宋著名爱国诗人，与陆游、尤袤、范成大并称“中兴四大诗人”。他的诗歌风格平易自然、清新活泼，被称为“诚斋体”。杨万里写诗擅长描写自然景物，语言浅近自然，富有幽默情趣，而且吸收了许多生动活泼的谣谚入诗，如“月子弯弯照九州，几家欢乐几家愁；愁煞人来关月事，得休休去且休休”，就完全像脱口而出的一首山歌。杨万里身处宋金战争的年代，为官清正，性格刚强，又有出使金国的经历，因此有一些抒发自己爱国情感和时事关怀的诗歌，也用直白的口语来直抒胸臆，如“大江端的替人羞！金山端的替人愁！”

对一般人来说，学习的目的是要致用，特别对领导干部来说，学习是为了提高认识水平，增强治理能力。因此，学习的过程本身就是一个融会贯通的过程，有的人学习很认真，书上说什么都记得，却不懂得灵活运用，就容易掉进本本主义的坑里。中国传统历史文化、世界历史等，都可以成为我们学习借鉴的资源，但是最重要的还是根据我们自己的现实国情，加以消化、取舍、扬弃、运用，否则，难免会犯“食古不化”“师洋不化”的毛病。

物有甘苦，尝之者识；道有夷险，履之者知。

【典出】明·刘基〔1〕《拟连珠》〔2〕

【原文】同引用

【释义】物有甘苦之分，亲口尝过的便可知晓。道路有平坦险绝，走过的人才会明了。

〔1〕 刘基（1311—1375），字伯温，青田（今浙江文成）人，南宋抗金将领刘光世的后人。元末明初军事家、政治家及诗人，通经史、晓天文、精兵法，是颇有道家气质的儒生。曾辅佐明太祖朱元璋完成帝业，朱元璋多次称赞刘基“吾之子房也”，将其比作汉代张良，器重如此。授资善大夫、上护军，封诚意伯。正德时追赠太师，谥文成。中国民间广泛流传着“三分天下诸葛亮，一统江山刘伯温；前朝军师诸葛亮，后朝军师刘伯温”的说法，将刘基的神机妙算、运筹帷幄等事迹演绎成各类传说。在文学史上，与宋濂、高启并称“明初诗文三大家”。著有《郁离子》等作品。

〔2〕《拟连珠》共有六十八首，涉及“居身涉世之理，用贤治人之道，与夫阴阳祸福、盛衰治乱”，其中人才学思想尤其丰富，与《郁离子》互相发明。其思想主要来源于先秦诸子，非常驳杂，反映了刘基“会通百家，兼融儒道”的学术特点。

俗语说，事非经过不知难。人头脑中的知识很大一部分来源于经验，而书本上的理论如果没有实践的基础，就是“空中楼阁”“无源之水”，所以说，只有实践才能出真知。对于领导干部来说，“吃别人嚼过的馍没味道”，调查研究、身体力行是基本的工作方法。对个人成长来说，多岗位锻炼，熟悉全面工作，多下基层“蹲蹲苗”，熟悉底层生态，是丰富阅历的手段，也是锻炼才干的机会。

读万卷书，行万里路。

【典出】明·董其昌[1]《画禅室随笔》

【原文】画家六法，一气韵生动。气韵不可学，此生而知之，自有天授，然亦有学得处。读万卷书，行万里路，胸中脱去尘浊，自然丘壑内营，立成鄄鄂。

【释义】多阅读（以增长才学），多游历（以增加见识）。

---

〔1〕董其昌（1555—1636），字玄宰，号思白、香光居士，明代书画家，华亭（今上海）人。他擅画山水，以佛家禅宗喻画，倡“南北宗”论，其画及画论对明末清初画坛影响甚大。书法出入晋唐，自成一格。能诗文，著有《画禅室随笔》《容台文集》等。

董其昌谈画，认为只有多读书、多游历，才能胸中有丘壑，作品成气韵。一是要多读书，正如诗圣杜甫说，“读书破万卷，下笔如有神”；二是要多游历，“旅游是修身养性之道，中华民族自古就把旅游和读书结合在一起，崇尚‘读万卷书，行万里路’”。

当然，现代交通发达，旅游业繁荣昌盛，不用像古代徐霞客那样苦行，但要想如徐霞客那样在游历中获得生命的宽度，却需要今人付出更多的思考。

一字之失，
一句为之蹉跎；
一句之误，
通篇为之梗塞。

【典出】清·刘淇《助字辨略》〔1〕

【原文】同引用

【释义】一个字没用对，整个句子就会词不达意；一句话没写好，整篇文章就会气脉不顺。

〔1〕《助字辨略》是一本专门解释古籍虚词的书，清代刘淇著。

我们在写材料写文章时，应该注意遣词造句的严谨。我们平时在工作、学习、生活中，也会遇到要对话、要写文章的时候，也应该注意表达的准确性。要做到准确表达，一方面是本身的训练和积累，另一方面也是一个反复推敲，有时候是几个人在一起讨论的过程。

学如弓弩，才如箭镞。

【典出】清·袁枚《续诗品·尚识》[1]

【原文】学如弓弩，才如箭镞，识以领之，方能中鹄。

【释义】学习就像拉开的弓弩，才能就像箭头，还要用见识来引导，射出去的箭才能击中鹄的（达到目标）。

〔1〕 袁枚(1716—1797)，字子才，号简斋，晚年自号仓山居士、随园主人、随园老人，钱塘（今浙江杭州）人，清代诗人、散文家。他是乾嘉时期的代表诗人之一，与赵翼、蒋士铨合称“江右三大家”，代表作品有《小仓山房诗文集》《随园诗话》《随园随笔》等。袁枚也是乾嘉时期比较重要的诗论家，对后世有很大影响。他认为诗并非说教的手段，而要抒写性灵。他把“性灵”和“学识”结合起来，以性情、天分和学习为创作基本，以真、新、活为创作的追求。《随园诗话》《补遗》《续诗品》是他诗论的主要著作。《续诗品》是仿司空图《二十四诗品》之作，立三十六目，用四言韵文简括诗歌创作的过程、方法、修养、技巧等具体经验。

袁枚在短短十六字中，用一个比喻讲了学习、才能和见识的关系。学习是基础，基础打得越牢，用的时候才能劲道十足，否则就会“学到用时方知少”；才能是显现出来的能力，磨砺出锋利的箭头（弓、弩；箭、镞），才能“李广射虎，中石没镞”；见识就是射箭人高明的视野和目力，如此方能射中天上飞的鸿鹄。因此，我们在平常的学习，也需要锤炼出厚实的见识，才能更好地利用自己的才能完成工作目标。

昨夜西风凋碧树，
独上高楼，
望尽天涯路；
衣带渐宽终不悔，
为伊消得人憔悴；
众里寻他千百度，
蓦然回首，
那人却在
灯火阑珊处。

【典出】清·王国维《人间词话》[1]

【原文】古今之成之事业、大学问者，必经过三种之境界："昨夜西风凋碧树。独上高楼，望尽天涯路"。此第一境也。"衣带渐宽终不悔，为伊消得人憔悴。"此第二境也。"众里寻他千百度，蓦然回首，那人却在，灯火阑珊处"。此第三境也。

【释义】治学必经过三种境界：第一境界为"昨夜西风凋碧树，独上高楼，望尽天涯路"；第二境界为"衣带渐宽终不悔，为伊消得人憔悴"；第三境界为"众里寻他千百度，蓦然回首，那人却在灯火阑珊处"。

〔1〕王国维（1877—1927），字静安，晚号观堂，浙江海宁人，是中国近代著名学者，与梁启超、陈寅恪、赵元任一起被称为"清华国学院四大导师"。王国维早年深受叔本华、康德哲学的影响，并把这些西方思想和中国古典哲学、美学相融合，形成了独特的美学思想体系。他在甲骨文考古研究上有开创性建树，以地下实物资料与历史文献资料互证的方法，对近代历史学研究产生了重大影响。其生前著作有六十余种，他自编定的有《静安文集》《观堂集林》刊行于世。《人间词话》是王国维的一部文学批评著作，用西方美学的眼光，对中国传统

这是国学大师王国维论治学的三种境界。领导干部读书学习也应该有这三种境界：首先，要有“望尽天涯路”那样志存高远的追求，有耐得住“昨夜西风凋碧树”的清冷和“独上高楼”的寂寞，静下心来通读苦读；其次，要勤奋努力，刻苦钻研，舍得付出，百折不挠，下真功夫、苦功夫、细功夫，即使是“衣带渐宽”也“终不悔”，“人憔悴”也心甘情愿；再次，要坚持独立思考，学用结合，学有所悟，用有所得，要在学习和实践中“众里寻他千百度”，最终“蓦然回首”，在“灯火阑珊处”领悟真谛。这三种境界启示我们，读书不仅要有明确的目标、有不移的恒心，还要提高读书效率和质量，讲求读书方法和技巧，在爱读书、勤读书、读好书、善读书中提高思想水平、解决实际问题、实现自我超越。

文学所作的评论。表面上看，《人间词话》与中国相袭已久之诗话、词话一类作品没有显著差别，实际上，它已初具理论体系，影响深远。

平天下——中国古典治理智慧

民本篇

在中国政治思想谱系中，“民本”思想，是一个从先秦时代起便已蔚为大观的传统。

儒家的民本思想，经历了孔子的“仁爱”到孟子的“仁政”的转变。在纵横之术与权谋机变大行其道的战国时代，孟子对见到的每一位君主说，要实行“王道”，就要重视人民，让人民安居乐业，使远人自觉来服。在正气浩然又极擅论辩的孟子那里，政治格局的次序是：“民为贵，社稷次之，君为轻”。

出身平民的墨子，同样在战乱的时代抱有“爱民”的政治理想。在他的设想里，国与国、人与人之间应当“兼相爱，交相利”。而崇尚出世和无为的道家，同样讲求与民生息、“以百姓之心为心”。

最具备政治实践经验的法家虽然尚机谋、讲法度，但他们也看到，民本思想有利于政治实践：顺从人民的意愿，使其保有土地、按时劳作，政治就能得到拥护，国家也会富强。

至此，虽然道不同、论相异，但在民本思想这一端，最具代表性的几家流派殊途同归。而作为后世思想的滥觞和富矿，先秦诸子的民本思想，深刻地影响到后世执政者和知识分子的政治思想与实践。

中国共产党也是这一思想的继承与发扬者。立党之初，中国共产党就秉承了为民奋斗的信念。“为人民服务”五个字，就是这种信念的最精练表达。

民本思想，实际上是在警示执政者，水能载舟，亦能覆舟，要敬畏手中来自人民的权力。在今天，重新学习民本思想，可以更好地理解共产党的立党之基、执政之本，也才能更好地到群众中去，听群众提意见、讲问题，踏踏实实为民办实事。

民惟邦本，本固邦宁。

【典出】《尚书·五子之歌》[1]

【原文】皇祖有训，民可近，不可下，民惟邦本，本固邦宁。

【释义】祖先早就传下训诫，人民是用来亲近的，不能轻视与低看；人民才是国家的根基，根基牢固，国家才能安定。

---

〔1〕《尚书》又称《书》《书经》，是我国古代第一部历史文集，所记基本是夏商周三代的誓、命、训、诰一类的公文。文字古奥难读。《汉书·艺文志》载：《尚书》原有一百篇，孔子编纂并作序。因遭秦代焚书，汉初时流传有今、古文不同的传本。今文《尚书》二十九篇，是汉初经师伏生所传。古文《尚书》在汉武帝时发现于孔子旧宅壁中，比今文《尚书》多出十六篇，这十六篇后来亡逸。西晋永嘉之乱后，今文《尚书》散亡。今存于《十三经注疏》的《古文尚书》有五十八篇，其中的三十三篇与汉代传本文字大抵相同，另外二十五篇是东晋人的伪作。清人孙星衍作《尚书今古文注疏》，摒弃二十五篇伪作，将篇目重新厘定为二十九篇，大抵恢复了汉代《尚书》传本的面貌。

大禹之子启开创夏代，成为“家天下”的开始。然而承启之位的太康，却因为没有德行，长期在外田猎不归，招致百姓反感，被后羿侵占了国都。太康的母亲和五个弟弟被赶到洛河边，追述大禹的告诫而作《五子之歌》，表达怨恨与哀悔。

远古“失国”的叹息，表达出的是“水能载舟，亦能覆舟”的真理。历数中国的王朝更迭，我们看见，政治腐败、横征暴敛、民不聊生，往往是王朝更迭的主要原因。得民心者得天下，失民心者失天下，这是颠扑不破的历史真理。为政者更应认识到这一点，并且因此而敬畏民众、敬畏民众赋予的权力。

上千年前，被放逐的五子在诗歌里传递大禹的告诫：作为国家的根本，民众是用来“敬”而非“骄”的。千年后，为新中国歌唱的诗人臧克家也在诗歌《有的人》中表达过同样的道理：“骑在人民头上的，人民把他摔垮；给人民作牛马的，人民永远记住他!”

圣人无常心，以百姓之心为心。

【典出】《老子》[1]

【原文】圣人无常心，以百姓心为心。善者吾善之，不善者吾亦善之，德善。信者吾信之，不信者吾亦信之，德信。

【释义】圣人以民心为己心，无所厚薄。有本事也好，没本事也好，一视同仁，所以能发挥他们的长处；可信任也罢，不可信任也罢，一视同仁，所以能得到他们的信任。

〔1〕 老子（约前571—前471），据《史记》载，姓李名耳，字聃，周代“守藏室之史也”，楚苦县厉乡曲仁里人。道家始祖，与庄子并称“老庄”。信史上关于老子之记载甚少，老子之故事，多见于《庄子》。在有关孔子与老子见面、问答的故事里，孔子赞老子为“龙”，深不可测。在《史记》里，老子缥缈神秘的结局，是《老子》一书的来源：“老子修道德，其学以自隐无名为务。居周久之，见周之衰，乃遂去。至关，关令尹喜曰：‘子将隐矣，强为我著书。’于是老子乃著书上下篇，言道德之意五千余言而去，莫知其所终。”在民间的故事中，老子乃骑一青牛而去。在道教的神仙系谱中，老子即为“太上老君”，唐代李姓统治者认其为世祖。《老子》即《道德经》，道家名著。全书约五千字，分上篇《道经》与下篇《德经》，共八十一章。不过在出土文献如马王堆帛书本《老子》中，则是《德经》在前，《道经》在后。全书多短章，押韵，言抽象事理，喜用譬喻，喜用正反、阴阳辩证之方式言理，玄妙高远。其思想主旨，历代研究者多有分

比较诸子百家，无论积极入世的儒家、权谋机变的法家，还是崇尚无为的道家，在先秦时代虽然有诸多针尖麦芒、龃龉龃龉之处，但在政治主张方面，有一点达成了共识：以民心相背为本。在这一篇中，老子描述中拥有至高境界的“圣人”，也并不师心自用，而是以民心为己心。时下，许多引发政府与民众矛盾的举措，诸如上马环境污染项目、违规征地与拆迁、砍伐城市树木、变卖国家资产等，其背后，要么是官员“拍脑袋”决策，要么是从一己私利、政绩出发，这就是以“己心”代替“民心”。

歧，如将其作为道家经典、道教经典、兵书、政治书等等，不一而足。究其思想主旨，当为道家尚清静无为、寻至高至道。

政之所兴在顺民心，政之所废在逆民心。

【典出】《管子·牧民》〔1〕

【原文】政之所兴，在顺民心。政之所废，在逆民心。民恶忧劳，我佚乐之。民恶贫贱，我富贵之。民恶危坠，我存安之。民恶灭绝，我生育之。

【释义】政权之所以能兴盛，在于顺应民心；政权所以废弛，则因为违逆民心。人民憎恶忧愁劳作，就要让他们安乐；人民不愿贫贱，便要使他们富贵；人民厌恶危亡，即要让他们安定；人民害怕族类灭绝，就要让他们生育繁衍。

〔1〕管子即管仲（前719—前645），颍上（今安徽颍上）人，春秋时期法家先驱、齐国政治家，是中国古代著名的军事家、改革家，被誉为“圣人之师”。管仲经鲍叔牙力荐，成为齐国上卿（即宰相），辅佐齐桓公成为春秋时期第一霸主。对内，管仲主张大兴改革，富国强兵，重视商业，“国多财则远者来，地辟举则民留处，仓廪实而知礼节，衣食足而知荣辱”。对外，管仲最早提出“华夷之辨”与“尊王攘夷”的民族主义思想。《战国策》《国语·齐语》《史记·管晏列传》《管子》《左传》等都有记载他的生活传记，《论语》、北宋苏洵的《管仲论》对管仲的事迹作出了分析和评价。

在中国古代的政治传统里，天下从来就不是一家、一姓之天下，而是“有德者居之”。判断一个政权是否“有德”，标准即在于人民是否安居乐业。在先秦时代，诸如管仲这样的政治家已经意识到，政权要稳定长久，就必须推行顺乎民心的政策。中国共产党建立之初，就把为中国最广大的人民群众争权利、谋幸福作为立身之本，“为人民服务”的核心宗旨最精练地表现出了这一点。在今天，要做到这一点，首先要做的，是了解“民心”在想什么。老百姓有什么困难、什么需求，这是要深入基层调研、走访才能知道的，而不是坐在办公室里拍脑袋想出来的。

《管子》是先秦时期管仲学派的言论、学术汇编。成书大概在战国至秦汉时期，汉初刘向编校时有八十六篇,今本存七十六篇。

乐民之乐者，民亦乐其乐；忧民之忧者，民亦忧其忧。

【典出】《孟子·梁惠王下》

【原文】王曰："贤者亦有此乐乎?"孟子对曰："有。人不得，则非其上矣。不得而非其上者，非也。为民上而不与民同乐者，亦非也。乐民之乐者，民亦乐其乐。忧民之忧者，民亦忧其忧。乐以天下，忧以天下，然而不王者，未之有也……"

【释义】统治者如果乐于做民众喜爱的事情，民众也会喜欢统治者喜爱的事；统治者担忧民众担忧的事情，民众也会担忧统治者所担忧的事。欢乐和忧虑都以天下为怀，就没有不称王的道理。

中国古代政治传统中，有“王道”与“霸道”之分。霸道者，武力征伐，权势倾轧，以“威”使人“畏”。王道者，顺乎民心，使民有道，以“道”使人“服”。要做到这一点，就要知道百姓喜欢什么，顺从民心，这就是“乐以天下”；知道百姓忧虑什么，并且和他们有一样的忧虑，再努力创造条件，让他们消除这些忧虑，这就是“忧以天下”。

在这段话中，孟子指出，统治者享乐的前提，是民众也能享受自己的快乐。如果人民生活困苦、妻离子散，少数人却酒池肉林、花天酒地，那这就不是“乐”，而是败亡的征兆。在当下，百姓觉得买房、看病、上学、养老难，就要用工作来解决这些困难；解决这些困难，就是给百姓创造快乐。踏踏实实办实事，给百姓排忧解难、不给百姓添堵，才是好干部。

老吾老，以及人之老；幼吾幼，以及人之幼。

【典出】《孟子·梁惠王上》

【原文】曰："挟太山以超北海，语人曰'我不能'，是诚不能也。为长者折枝，语人曰'我不能'，是不为也，非不能也。故王之不王，非挟太山以超北海之类也；王之不王，是折枝之类也。老吾老，以及人之老；幼吾幼，以及人之幼。天下可运于掌……"

【释义】敬爱自己家的老人，推而广之敬爱别的老人；呵护自己的孩子，推而广之呵护别人的孩子：天下就可以运转于手掌之上（比喻非常容易）。

孟子论述的核心，在于统治者要把“人之常情”推而广之、普惠民众。这样“治大国若烹小鲜”的举重若轻，核心也在于“与民同心”。实际上，这是一种“推己及人”的思维方式，也隐含着群众的观点：在做事的时候，干部要设身处地地为群众着想，从群众需要什么、如何思考的角度来看待问题。

德莫高于爱民，
行莫贱于害民。

【典出】《晏子春秋·内篇问下》[1]

【原文】叔向问晏子曰："意孰为高？行孰为厚？"对曰："意莫高于爱民，行莫厚于乐民。"又问曰："意孰为下，行孰为贱？"对曰："意莫下于刻民，行莫贱于害身也。"

【释义】最高尚的意愿，莫过于爱民；最宽厚的行为，莫过于让民众安乐。最卑劣的意愿，莫过于刻薄百姓；最低贱的行为，莫过于戕害自身。

〔1〕《晏子春秋》是记叙春秋时代著名政治家、思想家晏婴言行的一部书，旧本题齐晏婴撰，当为托名。经过汉代刘向整理，有内外八篇，共二百一十五章。书中记载春秋时齐相晏婴（前770—前476）言行，兼收史料与民间传说故事，入《四库全书》史部。在书中，晏婴常劝勉君主勤政，爱护百姓、虚心纳谏、任用贤能。其语言简洁明快，故事性强，风趣幽默，如"晏子使楚"等故事在民间流传甚广。通过具体事例，书中还论证了"和"和"同"两个概念，认为对君主的附和是"同"，应该批评；而敢于向君主提出建议，补充君主不足的才是真正的"和"，值得提倡。这种富有辩证法思想的论述在中国哲学史上成为一大亮点。

“权为民所用、情为民所系、利为民所谋”，是立场，更是要求。说是立场，就是说党员干部要破除“官本位”“官老爷”的思想，认识到权力来自于人民，共产党人的本色是要为人民谋福利，而不是为一己私利，更不是为利益集团服务；说是要求，就是说，在考虑问题、解决问题的时候，时刻要从民众的角度考虑，而不是虚头巴脑地搞形象工程、面子工程。为了“政绩”而做出伤害群众利益的事情，近年来不在少数，值得每一个干部深省。

人视水见形，
视民知治不。

【典出】汉·司马迁《史记·殷本纪》[1]

【原文】汤曰：“予有言：人视水见形，视民知治不。”伊尹曰：“明哉！言能听，道乃进。君国子民，为善者皆在王官。勉哉，勉哉！”

【释义】人在水中可以照见自己的样子，在民众中可以看出政治治理的状况。

〔1〕 司马迁（前145—约前87），字子长，夏阳（今陕西韩城）人，汉代伟大的史学家、文学家、思想家。司马氏世为史官，司马迁的父亲司马谈就曾任太史令，继任的司马迁也因此在书中以“太史公”自称。因替西征匈奴被围投降的李陵辩解，触怒汉武帝，遭受腐刑。忍辱负重的司马迁在《报任安书》中把写作动机表述为“究天人之际，通古今之变，成一家之言”，而《史记》也令刘向、扬雄等博览群书之通儒折服：“（迁）有良史之才，服其善序事理，辩而不华，质而不俚，其文直，其事核，不虚美，不隐恶，故谓之实录。”其所撰《史记》，“史家之绝唱，无韵之离骚”（鲁迅语），是中国第一部纪传体通史，二十四史之首。全书一百三十篇，分十二本纪、十表、八书、三十世家、七十列传，共五十二万余字，记载了中国从传说中的黄帝到汉武帝约三千余年的历史。《史记》不仅在体例上开风气之先，引来历代官修史书效仿，为史学赢得了独立地位，同时还富有极高的文学造诣，其高超的叙事技巧、生动洗练

镜子不会说谎，总是忠实地反映出人之美丑。而在政治实践中，同样不会说谎的，是群众的眼睛和话语。政策合乎实际、民众安居乐业，人民不会违心批评；反之，民众也不会为之粉饰。即使能用一些手段“防民之口”，人民依然会用“道路以目”的方式表达抗议。中国古人喜欢用镜作喻，同样的道理，唐太宗李世民在评价魏征时也表达过。“以铜为镜，可以正衣冠；以古为镜，可以知兴替；以人为镜，可以明得失。”从古至今，一地、一国治理得如何，都躲不过民意这块“试金石”的锤炼。对干部来说，这不仅是一种警醒，更是一种鞭策——自己说好不算好，民众说好才是真的好。所谓“政声人去后，民意闲谈中”，就是这个道理。

的文笔、强烈的感情色彩，深刻地影响了后世诗词、戏曲、小说等文学品类的发展。

善为国者，
爱民如父母之爱子、
兄之爱弟，
闻其饥寒为之哀，
见其劳苦为之悲。

【典出】汉·刘向《说苑·政理》

【原文】故善为国者遇民，如父母之爱子，兄之爱弟，闻其饥寒为之哀，见其劳苦为之悲。

【释义】善于治国的人对待民众，就像父母对待自己的孩子、兄长爱护自己的兄弟一样，听到他们遭受饥寒，为之感到哀伤；见到他们劳苦的状态，为之感到伤悲。

这一句话的出处，是周武王姬发向姜太公请教“治国之道若何”。子牙答曰：“治国之道，爱民而已”。怎么样才称得上爱民呢？姜太公还举出了反例：让民众失去生计、农民错过农时、重罚有罪者、赋税过重、徭役频发、劳民扰民。

在农耕时代，最广大的人民谋生的途径主要就是务农。因此，是否按照农时耕作，就成为其一年生计的决定因素；赋税和徭役的轻重，也决定着人民的生活质量。而在今天，这样的论述中还隐含着更丰富的内涵：给市场创造宽松的环境，让民间的创造力涌流，取消各种条框与限制，不与民争利。但核心都是一样的：像对待孩子、兄弟一样对待人民。

齐白石作品

齐白石作品

知屋漏者在宇下，知政失者在草野。

【典出】汉·王充《论衡》〔1〕

【原文】知屋漏者在宇下，知政失者在草野，知经误者在诸子。

【释义】知道房屋漏雨的人在房屋下，知道政治有过失的人在民间，知道经书有错误的人在诸子。

〔1〕《论衡》，东汉王充撰。王充（27—97），字仲任，祖籍魏郡元城（今河北邯郸），会稽上虞人。少孤，后负笈京师，拜在班彪门下。博览群书，有过目不忘之天资。一生仕途不畅，仅作过几任郡县僚属。东汉时，儒家思想已占据意识形态领域之统治地位，但汉儒逐渐将其发展成了带有神秘主义和迷信色彩的谶纬图说。其代表有董仲舒的“天人感应”说及班固的《白虎通义》，以神秘化的阴阳五行为基础，对照解释自然、伦理与社会生活，认为人间之事总有“天”和神秘力量作支配。具有朴素唯物主义思想的无神论著作《论衡》就是为反对此种思想写就的。其以道家思想为宗，将“气”作为核心范畴，构建出宇宙生成模式，主张生死自然，提倡薄葬，力图“冀悟迷惑之心，使知虚实之分”。除了批判汉代儒术，《论衡》还对先秦以来的思想流派进行了批判，在礼法、鬼神、性命、性善性恶等领域都进行了颇有见地的阐述，不啻为中国哲学史上一部划时代著作。袁崧《后汉书》载曰：“蔡邕入吴，始见之(《论衡》)，以为谈助。谈助之言，可以了此书矣。其论可云‘允惬’。此所以攻之者众，而好之者终不绝欤。”

充满辩证思维的王充，论述问题时充满了“对象”的思考方式：房屋建得好不好，要让住在里面的人评价；施政情况如何，要让施政对象即民众来评价；儒家经典里有没有错误，则要让他们的对立面，即诸子百家来评价。

“知政失者在草野”同样表明，为政者要走出“庙堂”，到“草野”和“江湖”中去观察、去听取意见。群众路线教育实践活动，第一个环节就是向群众收集意见和问题。群众最有发言权。有的干部下基层以后，遇见农民，谈不下去；遇见学生，谈不进去；遇见老干部，给顶了回去。这反映出来的，不仅是沟通方法问题，更是更深层的作风问题，能反映出干部是否真正了解基层情况，是否按照群众思维思考和办事。

圣人不利己，忧济在元元。

【典出】唐·陈子昂[1]《感遇诗》

【原文】圣人不利己，忧济在元元[2]。黄屋非尧意，瑶台安可论？吾闻西方化，清净道弥敦。奈何穷金玉，雕刻以为尊？云构山林尽，瑶图珠翠烦。鬼工尚未可，人力安能存？夸愚适增累，矜智道逾昏。

【释义】圣人没有私利，一心忧患和毕生致力的就在于黎民百姓的利益。

〔1〕 陈子昂（约659—700，一说661—702），字伯玉，梓州射洪（今四川射洪）人，初唐诗人，诗歌革新家。青年时任侠使气，“感时思报国，拔剑起蒿莱”。十七八岁始读书，二十四岁中进士。因上书言事被武后赏识，授麟台正字，官至右拾遗。后随武后侄子武攸宜东征契丹，屡谏不纳，反遭斥职。辞官回乡后，惹上官司，冤死狱中，年四十一岁。有《陈伯玉集》。唐初诗风承六朝宫体遗绪，绮靡纤弱。陈子昂力主恢复汉魏风骨，反对齐、梁以来的形式主义文风。他的创作，如三十八首《感遇》诗，风格朴质而明朗，格调苍凉激越，使初唐诗风为之一变。陈子昂最为人称道的便是《登幽州台歌》：“前不见古人，后不见来者。念天地之悠悠，独怆然而涕下。”

〔2〕 元元：指黎民百姓。《后汉书·光武帝纪上》：“上当天地之心，下为元元所归。”李贤注：“元元，谓黎庶也。”

唐代佛教兴盛，政府和民间上下都不遗余力地铸造很多寺庙、塑像等大工程，耗费资巨，大大挤占了民生投入。“事死不事生”、“事鬼不事人”，陈子昂痛心于此，写下这首《感遇》。其中提到的“忧济元元”的圣人，和范仲淹“先忧后乐”的人格境界是相通的。这首诗虽然写于千余年前，但是其中讽刺的社会现象却似曾相识。政府如何摆脱“面子工程”的发展思路，多兴利民实事，多谋长远利益，真正把钱花在民生上，花在“刀刃”上。首要还是得树立以民为本的“财用观”。

去民之患，如除腹心之疾。

【典出】宋·苏辙[1]《上皇帝书》

【原文】陛下诚能择奉公疾恶之臣而使行之，陛下厉精而察之，去民之患如除腹心之疾，则其以私罪至某，赃罪正入已至若干者，非复过误，适陷于深文者也。苟遂放归，终身不齿，使奸吏有所惩，则冗吏之弊可去矣。

【释义】去掉老百姓的祸患，如同除去自己的心病一样。

〔1〕 苏辙（1039—1112），字子由，自号“颍滨遗老”，谥文定，北宋散文家。嘉祐二年（1057）与其兄苏轼同登进士科。苏辙是唐宋八大家之一，与其父苏洵、兄苏轼齐名，合称三苏。他擅长政论和史论，针砭时弊，纵论天下。他的《新论》《上皇帝书》《六国论》《上枢密韩太尉书》等均为名篇。苏辙作品有《栾城集》，包括《后集》《三集》，共八十四卷。

爱人民，是古今中外对于官员的最基本要求。在实践中，这意味着真正将人民疾苦放在心中，注重“雪中送炭”，而非“锦上添花”，无论是为农民工讨薪，还是为孤寡老人送温暖，领导干部应该将民生问题放在突出的位置考量。在每年的政府工作报告中，民生都是重头戏，其所涵盖的范围广阔，影响深远。我国社会主义初级阶段的基本国情，也注定了民生问题将长期是官员的“腹心之疾”，群众利益无小事。

治理之道，莫要于安民；安民之道，在于察其疾苦。

【典出】明·张居正〔1〕《答福建巡抚耿楚侗》

【原文】同引用

【释义】治国理政的要害，莫过于使民安定；使民安定的要处，则在于体察他们的疾苦。

〔1〕 张居正（1525—1582），字叔大，号太岳，江陵（今湖北荆州）人。明代中后期政治家、改革家，万历时官至内阁首辅，行宰相权，是明代唯一生前就被授予太傅、太师的大臣。其改革名为“万历新政”，以“一条鞭法”著名。死后赠上柱国，谥文忠（后均被褫夺）。虽然张居正在历史上多有飞扬跋扈、专政擅权之非议，且其死后亦被褫夺官职谥号，甚至险遭开棺戮尸，但仍不妨碍其作为改革家之历史功绩。在任内阁首辅的十年中，张居正实行了一系列改革措施。财政上，推行“一条鞭法”，总括赋役，皆以银缴，使“太仓粟可支十年，周寺积金，至四百余万”，田地清量，国库充盈。又用“考成法”考核各级官吏，定期限、定任务，完不成考核的，予以罚俸、降级甚至革除，去冗员十分之三，“虽万里外，朝下而夕奉行”，政体为之肃然。而在军事上，张居正启用戚继光、李成梁等名将镇戍朔方，又用凌云翼、殷正茂等平定西南叛乱。天启二年(1622)恢复名誉。著有《张太岳集》《书经直解》《帝鉴图说》等。《明史》评价其“通识时变，勇于任事，起衰振隳，不可谓非干济才”，也攻其“威柄之操，几于震主，卒致祸发身后”。《明史纪事本末》把他和姚崇、赵普、霍光、王安石类比，认为其继承的还是申不害、商鞅的法家传统。清代魏源评其曰“因势推移，不独

在历史上留下了飞扬跋扈、权倾天下之名的张居正，也曾在私人信件中这样表达过对治理之道的思考。农耕时代，国计民生要有保障，农民就得安定在土地上种田，“流民”不仅会影响经济、影响民生，而且会带来政治动荡。因此，在古代政治家的论述里，“安民”是一项非常重要的任务。如何能让民安？张居正说，要体察他们的疾苦。隐含的后半句，是给人民解决令他们疾苦的问题。把“安民”作为治国理政的首要之道的张居正，在这个意义上也接续了“民本”思想的政治传统。但这种“察其疾苦”不能流于来了看看、慰问两句送点东西就走的形式主义花架子，而是真正地考察使民众疾苦的问题，想出对策，解决问题。

明塞息五十年之烽燧，且为本朝开二百年之太平。仁人利溥，民到今受其赐”，赞其改革。梁启超名其为“明代唯一的大政治家”。

利民之事，丝发必兴；厉民之事，毫末必去。

【典出】清·万斯大《周官辨非》〔1〕

【原文】圣人之治天下，利民之事，丝发必兴；厉民之事，毫末必去。

【释义】圣人治理天下所用之道，但凡是于民有利的事情，一丝一发也要推行；于民有害之事，一毫一末也必须革除。

〔1〕万斯大（1633—1683），字充宗，鄞县（今浙江宁波）人，明末清初儒者，师从黄宗羲。其兄弟八人各有成就，人称“万氏八龙”。万斯大深研诸经，“以为非通诸经不能通一经，非悟传注之失则不能通经，非以经释经则亦无由悟传注之失”。著有《学礼质疑》《学礼偶笺》《仪礼商》等。《周官辨非》，是万斯大攻击《周官》为伪书、不可信的一部著作。《周官》，即《周礼》，西汉时河间献王从民间征得，相传为周公所作，不可信。《周官》主记官制，原有天官、地官、春官、夏官、秋官、冬官六篇，其中冬官篇亡佚，汉儒遂取《考工记》补缺。王莽新朝时，刘歆奏请将其列入学官，并更名《周礼》。东汉末，郑玄为其作注，遂与《仪礼》《礼记》一同并称《三礼》。关于《周礼》之真伪，历来多有分歧，不过其注疏本还是收入宋以后的《十三经》。在《周官辨非》中，万斯大攻击此书的主要理由在于《周官》中“官冗而赋重”，不符合理想政治的状态。尤其是万斯大认为施行了《周官》之制的刘歆和王安石，一个攀附王莽，一个变革祖法，名声都不好，所谓“书之足祸人国，而两人学术徒足贻笑千载”。

这句话让人想起刘备的“勿以善小而不为，勿以恶小而为之”。群众生活无小事。哪怕是水价上调一分钱、公交涨价一毛钱，或者是群众办证不用来回跑、企业少一道审批手续，对民众来说都是影响极大的事情。明末清初的儒者万斯大在谈“利民”与“厉民”之事的时候，举的是“关市之赋”的例子，即商品在关卡和市场上流通时征收赋税的问题。在他看来，这是加重民众负担的一个典型代表。各级领导干部在日常工作中，要心系群众，不要放过与群众有关的任何细节。每一分错误，在群众那里都会加倍负担；每一分改进，也都会具备乘数效应。

衙斋卧听萧萧竹，
疑是民间疾苦声。
些小吾曹州县吏，
一枝一叶总关情。

【典出】清·郑板桥《潍县署中画竹呈年伯包大丞括》

【原文】同引用

【释义】在县衙的屋子里听风雨中竹子来回摆动的声音，仿佛听见了民间百姓在这种天气里忍受疾苦的声音。对我们这些小小县官来说，民众一枝一叶的小事都牵动感情。

梅兰竹菊被古代文人称为“四君子”，因为它们都代表了高洁的品质，让无数文人为之倾心并引以自喻。在中国文人画史上，郑板桥更以画竹垂名。不过，与一般画竹、咏竹主要取其“直而有节”不同，在这首诗里，萧萧竹是另外一种形象：听着风雨吹动竹叶的声音，联想到的是民众的生活状态。一生在仕途上并不得志的郑板桥，在这里接续的，是同样潦倒辗转的杜甫的传统——生活困苦的诗圣，在风雨中想到的却是“安得广厦千万间，大庇天下寒士俱欢颜”。天气热了，能否想到户外作业的劳动者们的清凉问题？天气冷了，能否想到居民的供暖问题？上下班时，能否想到交通拥堵？每一个干部都应该把这首诗当作“镜子”来照一照。

吃百姓之饭，
穿百姓之衣，
莫道百姓可欺，
自己也是百姓；
得一官不荣，
失一官不辱，
勿说一官无用，
地方全靠一官。

【典出】河南南阳内乡县衙对联

【原文】同引用

【释义】百姓是官员的衣食父母，官员不能认为百姓容易欺侮，要懂得自己也来自百姓；得了官位别自喜，失了官位也别觉得耻辱，别认为地方官职位低没什么作用，地方官对于一地的作用是非常重要的。

这是一副清代县衙的对联，其中包含了三方面的内容：第一，官员要对百姓保持敬畏，要把百姓当成自己的“衣食父母”，而不应有“官本位”的思想、把自己与民众分隔开，更不应当认为官员高高在上，可以随便欺侮民众，所谓“民可亲，不可轻”。封建时代的官员，退休之后还是要告老还乡、解甲归田、重新成为百姓的，因此官员也应有平常心。第二，虽在官场，依然要对官职保持平常心，如范仲淹所言“不以物喜不以己悲”一样，也不应以官位的得失、职位升迁而患得患失。第三，“郡县治而天下安”，地方基层官员虽然常被调侃为“芝麻官”，但承担的任务是非常繁重的，一个地方的经济发展、政治稳定、民生水平等，很大程度上要靠“地方官”。因此，这副对联也在提醒基层官员，要意识到自己身上的重担，尽职尽力地做好本职工作。“为官一任，造福一方”，是地方官应有的意识，也是中央对于干部的要求。

官德篇

为官之德，在中国传统文化中，被视作治国理政的主导因素，几千年里，留下了大量的经典论述。不仅为官者熟悉这些经典，百姓同样耳熟能详，这意味着，不只是为官者以此自我要求，百姓亦以此为标准看待之。

中国历代有修“官箴书”的习惯，甚至有些刻在了石碑上，留存至今。古时入朝为官者，需先熟读。由此可见在古人心中，官德好坏与政权兴衰存亡之间有着密切联系，即所谓“安天下，必须先正其身”。无论是“公生明，廉生威”这种家喻户晓的话，还是“清、慎、勤”这样的官德标准，都源自“官箴书”。

如今的官员，所面临的是与古人不同的制度环境与人民，不能以古为纲，但从问题意识来看，古代官员与今日领导干部，却面临着同样的困境与追求。古人所探讨过的公与私、廉政与勤政、服务人民、科学决策、居安思危等问题，对于当下的官员们来说，仍然是核心问题。

我们不必过于教条，只从“官箴书”中找智慧，但不妨将这种做法本身也视作一种智慧，有意识地将官德作为一个系统来看待，并不断对其进行完善。更值得借鉴的是，将官德视作对官员最基本的要求，如若无德，一票否决。

无论从中国历史上灿若星河的清官故事里，还是从史书、奏折、佛经、家训、对联等文字记录中，都能找到启发今日官员的经典论述。

官德首先是对于做人的要求。“不患位之不尊，而患德之不崇”，将道德看得比官位还重要；“见善如不及，见不善如探汤”，时时保持敬畏之心；“诚于中者，形于外”，注重品德的修养；“子帅以正，孰敢不正？”重视榜样的力量。

官德也提出了做事的标准。“不受虚言，不听浮术，不采华名，不兴伪事”，不搞形式主义那一套；“为官避事平生耻”，敢于担当；“去民之患，如除腹心之疾”，将服务百姓作为第一要务；“不作无补之功，不为无益之事”，做事要先科学论证。

中国几千年的文明历程中，有过文武清廉政通人和时，亦有过奸臣当道民不聊生时，无论是经验还是教训，都已经过了历史的沉淀与发酵，是塑造今日官德的宝贵矿藏。而当下需要做的，是将它们擦亮于这个时代。

不义而富且贵，于我如浮云。

【典出】《论语·述而》

【原文】子曰："饭疏食，饮水，曲肱而枕之，乐亦在其中矣。不义而富且贵，于我如浮云。"

【释义】以不正当的手段得到的富贵，对我来说就如同天上的浮云一样。

贪腐问题一方面取决于对权力的监督是否到位，另一方面则取决于官员自身的认识。对于官员来说，不义之财与对权力的使用息息相关。权力与私利勾结在一起，产生的是对孔子来说“如浮云”的财富，对当事人来说，却无疑是一种心理上的枷锁，一不小心还会换来监狱中真正的枷锁。

子帅以正，
孰敢不正？

【典出】《论语·颜渊》[1]

【原文】季康子问政于孔子。孔子对曰："政者，正也。子帅以正，孰敢不正？"范氏曰："未有己不正而能正人者。"胡氏曰："鲁自中叶，政由大夫，家臣效尤，据邑背叛，不正甚矣。故孔子以是告之，欲康子以正自克，而改三家之故。惜乎康子之溺于利欲而不能也。"

【释义】只要管理者自己走得正，下面谁敢不走正道？

〔1〕 颜渊即颜回（前521—前481），字子渊，春秋末鲁国都城（今山东曲阜）人。十四岁拜孔子为师，此后终生师事之。他为人谦逊好学，异常尊重老师，是孔子最得意的弟子，极富学问，孔子不仅赞其"好学"，而且还以"仁人"相许，欣赏其德行。历代文人学士对他无不推尊有加，宋明儒者更好"寻孔、颜乐处"。从汉代起，颜回被列为七十二贤之首，自汉高帝以颜回配享孔子、祀以太牢，三国魏正始年间将此举定为制度以来，历代统治者封赠有加，无不尊奉颜子。

“上行则下效，大臣不廉，小臣必污；小臣不廉，风俗必败。”一把手的带头作用，历来为中国共产党所重视。领导干部的言行，通常具有很强的示范性和带动性，其做法和风气会层层传递下去，一级做给一级看，一级带着一级干。一把手的做法会产生一种威严，下面的人即使有想法，也会有所忌惮。

见善如不及，见不善如探汤。

【典出】《论语·季氏》

【原文】孔子曰："见善如不及，见不善如探汤。吾见其人矣，吾闻其语矣！隐居以求其志，行义以达其道。吾闻其语矣，未见其人也。"

【释义】见到好的要努力追求，唯恐赶不上；见到不好的要尽力避开，就像怕把手伸到开水里那样。

一个人有信仰，就会有敬畏之心，对善行“敬”，对恶行“畏”。对于信仰马克思主义的政党来说，其领导干部一方面要有对榜样的崇拜与“见贤思齐”之心；另一方面则要对贪腐等恶行心存畏惧，知其不可为。党和政府也要为此创造条件，一方面，像焦裕禄这样的模范，虽一别五十载，却常提常新，不能让他们的精神远去；另一方面，对贪腐等行为坚持零容忍，打造一条真实存在的高压线。

任其职，尽其责；在其位，谋其政。

【典出】《论语·泰伯》

【原文】子曰："不在其位，不谋其政。"

【释义】担任职务，就要尽到责任；在一个位子上，就要做好分内之事。

《论语》的原文相对比较消极，意在鼓励人“安分守己”，不关心其他的事。改造后的说法，强调的则是为官的责任，而能否担当这种责任，则是官员荣辱观的重要组成部分。不求有功、但求无过的“平安落地”心态，“两耳不闻窗外事，一心只保官位子”，无疑是对组织和群众信任的亵渎。当然，除了要有担当的勇气外，还要有担当的智慧，不推崇蛮干，而是讲究方法与技巧。

一命而偻，
再命而伛，
三命而俯，
循墙而走，
亦莫余敢侮。
饘于是，
粥于是，
以糊余口。

【典出】《左传·昭公七年》〔1〕

【原文】及正考父，佐戴、武、宣，三命兹益共，故其鼎铭曰："一命而偻，再命而伛，三命而俯。循墙而走，亦莫余敢侮。饘于是，粥于是，以糊余口。"其共也如是。

【释义】（三次受命）每一次都诚惶诚恐，第一次是弯腰受命，第二次是鞠躬受命，第三次是俯下身子受命。平时我总顺着墙根走，也没有人敢侮辱我。不管是煮稠粥还是稀粥，都是在这个鼎里，只要能糊口就行了。

〔1〕《左传》是中国古代一部编年体史书，儒家"十三经"之一，相传是春秋末期鲁国史官左丘明为解释孔子的《春秋》而著，共三十五卷。《左传》全称《春秋左氏传》，原名《左氏春秋》，汉朝以后才多称《左传》，是为《春秋》作注解的一部史书，与《公羊传》《穀梁传》合称"春秋三传"。全书所记绝大部分属于春秋时候事件，但全书的完成已经进入战国时期。《左传》起自鲁隐公元年（前722），迄于鲁哀公二十七年（前468），按照鲁国十二公的顺序，按照时间顺序记录了当时各方面的历史，本句引用即出自书中昭公七年（前535）章节。除个别段落外，书中均以第三人称叙事，全书视角广阔，运用了倒序、插叙等多种手法。此书深刻地影响了后世的历史学，也有很高的文学艺术价值。

作为三朝上卿，正考父深受倚重仍恭俭从政，且三次受命时他的谦卑程度层层递进，从“偻”，到“伛”，再到“俯”，与一些官员得势后的飞扬跋扈对比鲜明。权力容易使人膨胀，因此权力在手时，应时时自我提醒。为官一任，尤其是在顺境之中时，听到的奉承话多，手中有权，日子好过，容易滋养骄横之心。正考父有一条经验值得官员们学习，那就是得势后仍保持简单的生活方式和谦卑的待人态度，于己来说是一种提醒，于人来说是一种态度的体现。

蠹众而木折，隙大而墙坏。

【典出】《商君书·修权》[1]

【原文】夫废法度而好私议，则奸臣鬻权以约禄，秩官之吏隐下而渔民。谚曰："蠹众而木折，隙大而墙坏。"故大臣争于私而不顾其民，则下离上。下离上者国之隙也。秩官之吏隐下以渔百姓，此民之蠹也。故有隙蠹而不亡者，天下鲜矣。是故明王任法去私，而国无隙蠹矣。

【释义】蛀虫多了，大树就会折断；空隙大了，墙壁也会损毁。

〔1〕 商鞅（约前390—前338），战国时期秦国政治家，姓公孙，卫国贵族，所以又称卫鞅或者公孙鞅。他在秦国担任左庶长，辅佐秦孝公进行变法，严明法治，取消特权，奖励军功，提倡耕战，使秦国国势蒸蒸日上。此后，秦孝公又任命他担任大良造，迁都咸阳，并进行第二次变法，推行县制，废除井田制，统一度量衡。这些改革举措奠定了之后两千余年封建社会的基础。商鞅相秦期间，因为执法严厉也得罪了秦国贵族，秦孝公死后，商鞅与秦惠王失和，兵败被俘，车裂而死。商鞅因为军功曾受封于商，后世称为商君。《商君书》就是商鞅一派法家著作的汇编，又称《商子》。《汉书·艺文志》著录二十九篇，现存二十四篇。其中有些篇章所述史实发生在商鞅死后，因此不是其本人所著，但书中也保留了一些商鞅遗著，记录了商鞅的言行，应为战国末年商鞅后学编成。书中着重论述了商鞅一派的变法理论和具体措施，主张加强君权，建立赏罚分明的法治制度。

一个蛀虫不足以断木，一条缝隙也不足以毁墙。但是量变产生质变，一旦这种内部腐蚀的力量累积到一定程度，就会产生毁灭性的作用。因此，对于腐败问题，在看到主流是好的同时，也要高度重视一些干部身上存在的所谓“小问题”，比如好逸恶劳、贪图享受等作风问题。既要重视打老虎，也不能忽视拍苍蝇——小蛀虫汇聚起来，就是一股强大的破坏力量。

千丈之堤，以蝼蚁之穴溃；百尺之室，以突隙之烟焚。

【典出】《韩非子·喻老》〔1〕

【原文】同引用

【释义】千里大堤，若有蝼蚁在其中筑穴，便可能因此被冲毁决堤；百尺高楼，从烟囱的缝隙中冒出的火星，也可能引发火灾被焚毁。

〔1〕韩非（约前280—前233），战国末期韩国（今河南新郑）贵族。师从儒家代表人物荀子，最终却成为法家思想的集大成者。游历秦国的韩非颇受秦王嬴政赏识，这也招致同为荀子门生的李斯嫉妒，“终死于秦，不能自脱”。但其思想依然为嬴政吸收，成为秦统一天下的指导思想。《韩非子》共有文章五十五篇，十余万字。在书中，韩非主张君主集权，君王应该把“法”“术”“势”结合起来治理国家。反对儒、墨效法古代君王的“法先王”思想，主张变法改革，建议君主重赏罚、农战结合，富国强兵、推行霸道。司马迁称其“喜刑名法术之学，而其归本于黄老”。《韩非子》的语言风格严峻峭刻，说理透彻犀利，又有诸如“自相矛盾”“削足适履”“螳螂捕蝉”“守株待兔”等诸多寓言故事，其文章在先秦诸子散文中亦独树一帜，具有极高的历史和思想价值。

“千里之堤，毁于蚁穴”，是法家的一个经典“小大之辨”的例子。就个人来说，“小节”可能是问题滋生处或是命运转折点。比如一些党员干部好喝酒，或爱打牌，从个人生活习惯上来说无可厚非，但一旦带到工作上，就容易出问题。推杯换盏、觥筹交错可能是一种“豪气”，但也可能借着酒精的力量滥用职权或是权钱交易。朋友聚会打牌可能是增进感情，但若带上赌博的性质，就有可能成为隐形行贿的途径。因此，对干部来说，必须“拘小节”。

而对一个政党来说，在庞大的党员构成之下，是否有“蚁穴”，是否有“突隙”，也是值得注意的问题。韩非子强调这些细小之物，着眼点在见微知著，防患未然：一旦任其发展，就会如癌细胞一般在肌体内部扩散，吞噬健康细胞。因此，对于腐败问题，必须注重预防，从苗头处就予以扼杀。

不患位之不尊，而患德之不崇。

【典出】汉·张衡《应闲》[1]

【原文】君子不患位之不尊，而患德之不崇；不耻禄之不伙，而耻智之不博。

【释义】不要担心职位不够高，而应该想想自己的道德是不是完善。

〔1〕 张衡（78—139），字平子，是中国东汉时期伟大的天文学家、数学家、发明家、地理学家、文学家，并与司马相如、扬雄、班固并称汉赋四大家。由于他的贡献突出，联合国天文组织将月球背面的一个环形山命名为“张衡环形山”，太阳系中的一八〇二号小行星命名为“张衡星”。张衡虽曾历任郎中、太史令、侍中、河间相等职，但对官位并不计较，屡次不应征召，也曾多次辞官，官位一直不高。《应闲》是张衡在辞去太史令一职五年后复职时写的文章，借之表明心志。全文以假设的一问一答方式，回应了他心目中对于治理方式、人生追求、官位尊卑等多个话题的想法，其中所体现的思想清高，追求高远。

这句话代表了传统文化中经典的“政德观”，出自大科学家张衡之口。张衡曾任太史令前后达十四年之久，多年不升迁。不慕名利的他，特地写了篇《应闲》表明心迹，认为道德比职位更为重要。官位重要还是道德重要？按理说，当官的只要把职责做好就行了，为何中国文化中如此强调道德，甚至将其置于职位和政绩之上？这是因为小到一方父母官，大到一个政权，其道德表现与民心息息相关，不重视道德建设，直接后果就是作风不正，进而演化为腐败盛行，必定失去民心。儒家对为官者政德修养极为重视，在《论语》中，孔子将那些一心想当官而无德之人称作“鄙夫”，也是这个道理。

不受虚言，不听浮术，不采华名，不兴伪事。

【典出】汉·荀悦《申鉴·俗嫌》〔1〕

【原文】在上者不受虚言，不听浮术，不采华名，不兴伪事。言必有用，术必有典，名必有实，事必有功。

【释义】不听不真实的话，不相信不切实际的方法，不谋取浮华的名声，不做虚伪的事。

〔1〕荀悦（148—209），字仲豫，东汉末期政论家、史学家。幼时聪颖好学，家贫无书，阅读时多用强记，过目不忘。汉灵帝时由于宦官专权，荀悦隐居不出。献帝时，应曹操之召，任黄门侍郎，累迁至秘书监、侍中。汉献帝认为《汉书》文繁难懂，命荀悦按照《左传》体制，用编年体改写，写成《汉纪》三十篇，《后汉书》称其"辞约事详，论辩多美"。另著有《申鉴》五篇。《申鉴》是荀悦的政治、哲学论著。《后汉书》本传说，荀悦一心想匡辅汉献帝，但因曹操揽政，"谋无所用，乃作《申鉴》"，意为重申历史经验，供皇帝借鉴。全书包括《政体》《时事》《俗嫌》《杂言》等五篇。全书抨击谶纬符瑞，反对土地兼并，主张为政者要兴农桑以养其性，审好恶以正其俗，宣文教以章其化，立武备以秉其威，明赏罚以统其法，表现了他的社会政治思想。

形式主义、官僚主义是为官大忌，却总能让不少人尝到甜头，以短时间内的“政绩”骗得赏识，一拍脑袋就做一个形象工程，赚取一时的浮华名声。党的十八大以后，新一届中央领导集体推出八项规定和“反四风”，全党深入开展群众路线教育实践活动，就是针对这些“虚言”“浮术”“华名”和“伪事”开刀，好干部应该“愿听真话、敢讲真话、勇于负责、善抓落实”。

观于明镜，
则瑕疵不滞于躯；
听于直言，
则过行不累乎身。

【典出】汉·王粲《策林》〔1〕

【原文】同引用

【释义】经常用明亮的镜子照自己，那么污垢斑渍就不会留在身上；能听取直率的批评，那么错误的行为就不会连累你。

〔1〕王粲（177—217），字仲宣，东汉末年文学家，“建安七子”之一。少有才名，为著名学者蔡邕所赏识，相传成名已久的蔡邕曾对青年时的王粲“倒屣迎之”。王粲曾任侍中，建安二十二年（217），随曹操南征孙权，于北还途中病逝，终年四十一岁。王粲善属文，被文学评论家刘勰在《文心雕龙》中评价为“七子之冠冕”。王粲著有《英雄记》《七哀诗》《从军诗》等名篇，据《三国志·王粲传》记载，王粲著诗、赋、论、议近六十篇，有文集十一卷。

纳谏，是自古以来官员的必修课。从来忠言都逆耳，能不能听进去批评，既考验一个人的涵养，也是一个人甚至一个政党能否及时自我修正的关键。“批评和自我批评”既是我们党的优良传统，也是新形势下严肃党内政治生活的有效途径。各级领导干部要从善如流，闻过则喜，坚持用好批评和自我批评这个武器，把他人的批评意见甚至是“刺耳”的意见当作治病防痛的一剂良药。

鞠躬尽瘁，死而后已。

【典出】诸葛亮《后出师表》

【原文】臣鞠躬尽瘁，死而后已；至于成败利钝，非臣之明所能逆睹也。

【释义】我一定为国家竭尽全力，直到死为止。

诸葛亮位极人臣，是历代官员的楷模，而这句话堪称其一生的写照。中国几千年的历史中，出现过一个灿若星辰的“勤官”群体，这其中既有诸葛亮、司马光等封建官吏，也有新中国成立后出现的一大批官员的楷模，如焦裕禄、孔繁森、任长霞等。虽然古今不同，今天的时代条件也远远好于过去，但“为人民服务”的宗旨没有变，“勤政”的思想永不过时。现在有许多公务员，经常是“5+2”、“白 + 黑”（即一周工作七天，昼夜都有工作）的工作状态，就是这种精神的延续，是为党和人民事业鞠躬尽瘁的写照。

不使内有余帛，外有赢财。

【典出】三国·诸葛亮《自表后主》

【原文】臣初奉先帝，资仰于官，不自治生。成都有桑八百株，薄田十五顷，子孙衣食，自有余饶。至于臣在外任，别无调度，随岁时衣食，悉仰于官，不别治生，以长尺寸。若臣死之日，不使内有余帛，外有赢财，以负陛下也。

【释义】不让家里有多余的钱帛，外面有剩余的财物。

在这篇短文中，诸葛亮向蜀后主汇报了他的财产状况，表明了不给家中和后人谋私利的心境。但如果诸葛亮只是一个特别清廉的庸官，那也不值得为人们铭记，理解诸葛亮这句话，需要结合他的千古名句“鞠躬尽瘁，死而后已”一起看。这里涉及的是“廉政”和“勤政”的关系，在中国历史上，有不少官员是廉勤兼备的，不但不贪，还很有能力。封建官吏尚且如此，我们共产党的干部更应该严格要求自己，做到既清廉干净，又勤勉肯干。

安天下，必须先正其身。

【典出】唐·吴兢《贞观政要·君道》[1]

【原文】为君之道，必须先存百姓。若损百姓以奉其身，犹割股以啖腹，腹饱而身毙。若安天下，必须先正其身，未有身正而影曲，上治而下乱者。

【释义】如果想安定天下，必须先端正自身。

〔1〕 吴兢（670—749），汴州浚仪（今河南开封）人。武周时入史馆，修国史，居史馆任职三十余年，以叙事简练、奋笔直书见称，世称“良史”。《贞观政要》，唐代史官吴兢撰。宋代《中兴书目》在介绍此书时，称吴兢在记述李世民言行的《太宗实录》之外，又专采唐太宗与群臣问答之语，“作为此书，用备观戒”。全书共十卷，四十篇，分类记载了唐太宗与魏征、房玄龄、杜如晦等一代名臣在治政时的对话，大臣们的争议、劝谏、奏议等，也记载了一些重大的施政措施。由于吴兢身在武则天朝，去贞观不远，因此在史料记载方面颇有值得称道处。思想方面，书中提出了“君依于国，国依于民”的重民思想，其《论政体》篇也有“水能载舟，亦能覆舟”之言。而在与民休息、重视农业的农业政策之外，书中还记载了贞观一朝“爱之如一”、公正允和的民族政策，用人唯贤、广开言路、尊儒重教的文化政策等。

儒家的基本命题之一是“内圣外王”，将道德与政治之间直接关联。无论官居何位，权力多大，自身道德这一关（即“修身”）是首先要面对的障碍，不过此关无从谈起“齐家、治国、平天下”。对于个人来说，这意味着提高道德的自觉性，在思想上、觉悟上意识到自身的不足，并尽力提高，这是几千年来中国的“士”阶层一直致力于做的事情；对于一个政党来说，这意味着需要对党员加强教育，既提高其道德素养与政治觉悟，也不时敲响警钟。

奢靡之始，
危亡之渐。

【典出】《新唐书》〔1〕

【原文】雕琢害力农，纂绣伤女工，奢靡之始，危亡之渐也。（褚遂良〔2〕谏语）

【释义】奢靡行为开始之时，也是危亡逐渐来临之际。

〔1〕《新唐书》是北宋时期欧阳修、宋祁、范镇、吕夏卿等合撰的一部记载唐朝历史的纪传体断代史书，是"二十四史"之一。全书共有二百二十五卷，其中包括本纪十卷，志五十卷，表十五卷，列传一百五十卷。五代时期就曾有《唐书》（即《旧唐书》）编成，但宋仁宗认为《唐书》"纪次无法，详略失中，文采不明，事实零落"，于庆历四年（1044）下诏重修。前后历经十七年，于宋仁宗嘉祐五年（1060）完成。此书在体例上第一次写出了备卫志、兵志、选举志，系统论述唐代府兵等军事制度和科举制度，这是我国正史体裁史书的一大开创，为以后《宋史》等所沿袭。

〔2〕褚遂良（596—659），字登善，唐朝政治家、书法家。褚遂良博学多才，精通文史，隋末时跟随薛举为通事舍人，后在唐朝任谏议大夫、中书令等职。褚遂良工于书法，初学虞世南，后取法王羲之，与欧阳询、虞世南、薛稷并称"初唐四大家"。

人拥有一些喜好、癖好是正常的。但对拥有权力的人来说，这是一个需要谨慎的事情。褚遂良向君主进谏即是这个原因。雕琢、纂绣一类的“小玩意”，确实惹人喜爱；但若统治者过分热衷于此，所谓“上有所好，下必甚焉”，就会形成一种导向，导致农工商不重本业重这些奇技淫巧，最终影响国家的经济大局。同时，统治者喜爱这种奢靡的东西，也是国家衰败的苗头。对于党员干部来说，既然选择了为民服务，就要清廉做官，与奢靡的东西划清界限，同时对自己的爱好保持警醒：许多落马官员，就是因为拥有一些“雅好”，才给腐败留下了突破口。

南宋·马麟《静听松风图》

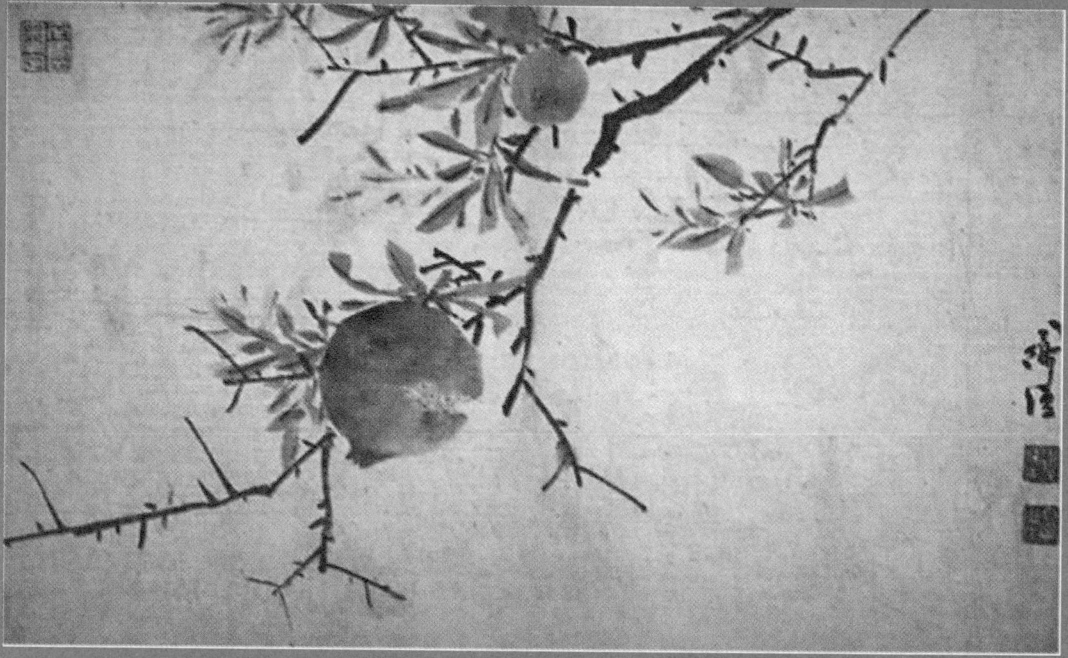

明代·陈淳《花卉册》之一

先天下之忧而忧，后天下之乐而乐。

【典出】宋·范仲淹《岳阳楼记》[1]

【原文】予尝求古仁人之心，或异二者之为，何哉？不以物喜，不以己悲。居庙堂之高则忧其民；处江湖之远则忧其君。是进亦忧，退亦忧。然则何时而乐耶？其必曰“先天下之忧而忧，后天下之乐而乐”乎。噫！微斯人，吾谁与归？

【释义】在天下人忧愁之前就忧愁，在天下人快乐之后才快乐。

---

〔1〕 范仲淹（989—1052），字希文，北宋著名的政治家、文学家，世称“范文正公”。仁宗时，担任右司谏。景祐五年（1038），在西夏李元昊的叛乱中，与韩琦共同担任陕西经略安抚招讨副使，采取“屯田久守”方针，协助夏竦平定叛乱。庆历三年（1043），与富弼、韩琦等人参与“庆历新政”，提出了“明黜陟、抑侥幸、精贡举”等十项改革建议，历时仅一年。后因为遭反对，被贬为地方官，辗转于邓州、杭州、青州，晚年知杭州期间，设立义庄，皇祐四年（1052）病逝于徐州，谥文正。著有《范文正公文集》。

北宋庆历六年（1046）九月十五日，范仲淹应好友巴陵郡太守滕子京之请，为重修岳阳楼写记，其中如“先天下之忧而忧，后天下之乐而乐”“不以物喜，不以己悲”等句，早已成为千古名句。

范仲淹的这个千古名句，继承了中国历史上文人的一个伟大传统，那就是以天下为己任的政治抱负。仁者之心，常以天下众生为怀，所以常生忧患；对一己私利不过多在意，所以坦荡无私。这种天下情怀是非常伟大的人格。从孟子的“乐民之乐者，民亦乐其乐；忧民之忧者，民亦忧其忧”，到陆游的“位卑未敢忘忧国”，传统的知识分子，往往有着心忧天下的情怀。

毛泽东同志曾说，“一个共产党员，应该是襟怀坦白，忠实，积极，以革命利益为第一生命，以个人利益服从革命利益”，“共产党员无论何时何地都不应以个人利益放在第一位，而应以个人利益服从于民族的和人民群众的利益。”这和仁者的天下情怀是一脉相承的。佛教中的地藏菩萨也曾发愿：“地狱不空，誓不成佛”。共产党人为人民谋福利，也应该有如此“先忧后乐”的宏愿与心胸。

新时期的领导干部，也应从这种传统中吸取智慧，一心一意谋发展，为群众谋取福祉，同时也要清廉从政，不攫取发展成果谋私利。

居安而念危，则终不危；操治而虑乱，则终不乱。

【典出】宋·宋祁[1]

【原文】同引用

【释义】处于安定时想到可能出现的危机，那么危机可以避免；治理得井然有序时想到可能出现的动乱，那么动乱可以免除而不致发生。

[1] 宋祁（998—1061），字子京，北宋文学家，官翰林学士、史馆修撰。与欧阳修等合修《新唐书》，书成后，进工部尚书，拜翰林学士承旨，谥号景文。宋祁与其兄宋庠并有文名，时称“二宋”。他为今人所熟悉，主要因《玉楼春》中的“红杏枝头春意闹”一句，世称“红杏尚书”。

忧患意识，自古至今都有着丰富的内涵。居安思危，既包含了超前精神，也包含了进取的意识，值得领导干部细细揣摩。例如，在经济持续高增长之时，应当提前为经济下行而布局，如何解决增长问题，如何解决就业问题，如何解决可能出现的不稳定因素？在历届中共领导人的论述中，对于国家安定一直都极为强调，例如邓小平的“稳定压倒一切”，但要做到安定，不只是保住当前的成功，还要时时警惕可能的危险。

清心为治本，
直道是身谋。
秀干终成栋，
精钢不作钩。
仓充鼠雀喜，
草尽兔狐愁。
史册有遗训，
毋遗来者羞。

【典出】宋·包拯〔1〕《书端州郡斋壁》

【原文】同引用

【释义】端正思想是吏治的根本，刚直的品性是修身的原则。好的树木终将成为栋梁之材，纯钢也不会用来做成钩子这样卑微的东西。仓廪丰实后那些偷吃的鼠雀兔狐之辈就高兴了，如果没什么好处那些贪官污吏就发愁。在这方面历史上留下了许多的教训，不要做出使后人蒙羞的事情吧！

〔1〕包拯（999—1062），字希仁，谥孝肃，庐州府合肥（今安徽肥东）人。曾先后任天长、端州、瀛州、扬州、庐州、池州、开封等地知县、知府，出使过契丹，还在刑部、兵部任过职，在财政部门做过副使、转运使、三司使，在监察部门做过御使、谏议大夫，最后做到枢密副使，成为朝廷的宰辅。至和三年（1056），以龙图阁直学士权知开封府，因不畏权贵，不徇私情，清正廉洁，当时流传有“关节不到，有阎罗包老”的赞誉。死后追赠礼部尚书，谥孝肃。他当过的天章阁待制和龙图阁直学士使他有了“包待制”“包龙图”的雅称。老百姓更喜欢直呼“包公”。

一代清官包拯，一生只流传下来这一首诗，可以视作其清廉从政的思想写照。人们赞颂包公断案如神，却不能忽略，他能秉公执法，恰因心中无贪欲，“清心”“直道”，可以无所顾忌。中国历史上有许多著名的清官，他们饱受群众拥戴，至今仍在人们心中占有重要的分量，这些人带头守法，维护国法尊严。如果一个官员自己到处揩油，很难指望他能维护法律所要求的公平正义。

才者，德之资也。德者，才之帅也。

【典出】宋·司马光《资治通鉴·周纪》〔1〕

【原文】夫聪察强毅之谓才，正直中和之谓德。才者，德之资也。德者，才之帅也。

【释义】聪明、有洞察力、坚强、有毅力，可以被称为有才；秉性正直、忠厚、宽容，可以被称为有德。才是德的资本，德是才的统帅。

〔1〕 司马光（1019—1086），字君实，号迂叟，陕州夏县（今山西夏县）涑水人，世称涑水先生，北宋政治家、史学家、文学家。历仕四朝，卒赠太师、温国公，谥文正，后世尊称“司马温公”。欧阳修称其“德性淳正，学术通明”。早年与王安石交好，任御史中丞时，一手向宋神宗推荐王安石，后者后任参知政事，施行变法。后与王安石政见不同，性情温和的司马光转而反对变法，并主动请辞，退居洛阳十五年，不问政事，编成《资治通鉴》。哲宗即位后，司马光重被启用，回到朝廷后数月间尽废新法，但为相八个月后即病逝。遗著有《司马文正公集》《稽古录》等。《资治通鉴》，简称《通鉴》，北宋司马光主编的中国首部编年体通史。编纂过程历十九年而毕，共二百九十四卷，按朝代分为十六“纪”，记述从周威烈王二十三年（403）“三家分晋”至五代周世宗显德六年（959）之事。其采用之书，正史之外，更采杂史三百二十二种，仅残稿就在洛阳“尚盈两屋”。《四库全书总目提要》称此书“网罗宏富，体大思精，为前古之所未有；而名物训诂，浩博奥

“德才兼备”历来是对于人才的极高评价。在这段话里，司马光用他极有立场的历史观点，描述了他心目中德与才的关系。在他看来，品德是才能的统帅，只有首先具备德，才能把才能的作用发挥出来。他的《资治通鉴》从“三家分晋”的历史开始叙述，实际上就隐含了这种观点。春秋战国时期，屡见不鲜的弑君、弑父、“不义战”，确实涌现出了很多有“才干”的人；但在司马光看来，从伦理道义上讲，这些人都没有德，毁坏的是人心道义。这也和儒家“美敦化，移风俗”的治国理想相契合。

这段话对当下依然具有借鉴意义。我们看到，近年来落马的一些党员干部，无愧于“能吏”的名号，也做了不少事；但在更高的层面，他们违法乱纪，造成的破坏要远大于贡献。这种破坏，有的是经济层面的，更多的是政治层面对党和政府形象的破坏。因此，在当下，重新提倡“以德为先”，是具有指导意义的。但这种提倡并非偏废，也不是提倡一团和气的老好人主义，而是把德放在首位，将德与才统一起来。

衍，亦非浅学所能通”，可见规模之庞大，亦可解司马光在上表中所称“精力尽於此书”。司马光也以此书而与司马迁并称“史学两司马”。“资治通鉴”之名，如宋神宗所言，意为“鉴于往事，有资于治道”。因此此书虽为通史，然于政治史上着墨最多。毛泽东同志曾十七次批注此书，称“每读都受益匪浅”，把它和《史记》并称为“中国两部大书”。元代胡三省曾为此书作音注本，流行至今。

物必先腐，而后虫生。

【典出】宋·苏轼《范增论》[1]

【原文】物必先腐也，而后虫生之；人必先疑也，而后谗入之。

【释义】东西一定是自己先腐烂，蛀虫才能生出来。

〔1〕 范增（前277—前204），秦末居鄛人（《汉书·地理志》居鄛县在庐江郡，荀悦《汉纪》称是阜陵人）。项羽的主要谋士，被项羽尊为“亚父”。范增最著名的故事就是“鸿门宴”了。范增随项羽攻入关中后，建议项羽尽早消灭刘邦势力，因为曾经贪图财色的刘邦在入关后却与父老“约法三章”、毫发不取，“志不在小”，但未被采纳。后范增谋划“鸿门宴”，与项羽约定举玉玦为号，准备在宴会上刺杀刘邦。但在宴席上，范增多次示意项羽，后者却始终未下决心；于是使项庄舞剑，意欲借机行刺，却因项伯、樊哙之阻挠而未获成功，留下范增对项羽“竖子不足与谋”的千古喟叹。后刘邦被困荥阳，用陈平计离间范增与项羽，使其为项羽猜忌。请辞归里的范增途中病死，项羽亦随后败亡。

《范增论》是苏轼对范增故事的一篇论说文。在文中，苏轼分析了范增是否应当离项羽而去，以及何时离去最为明智的问题。他用“物必先腐也，而后虫生之；人必先疑也，而后谗入之”的句子，说明陈平的离间计之所以能成功，也是因为君臣间早已有了嫌隙，才能使谗言被听信。

“物必先腐而后虫生”，说的就是“苍蝇不叮没缝的蛋”。发生腐败问题的官员，一定是首先思想上、作风上出了偏差。对钱动了歪念头，才会在贿赂面前动动脑筋；对男女关系认识不健康，就会过不了“美人关”；对权力的认识出了偏差，才会滥用职权，进行权力寻租或权钱交易。近年来落马的官员，有太多这种例子。因此，如何警惕官员“腐”的苗头，如何从源头上预防，并且给官员打造出“不想腐、不敢腐、不能腐”的从政环境，是当下需要着力解决的问题。

为国者
不可以生事，
亦不可以畏事。

【典出】宋·苏轼《因擒获鬼章论西羌夏人事宜札子》

【原文】夫为国不可以生事，亦不可以畏事。畏事之弊，与生事均。譬如无病而服药，与有病而不服药，皆可以杀人。夫生事者，无病而服药也。畏事者，有病而不服药也。

【释义】治理国家不能故意惹事，同样不能胆小怕事。

作为一个爱好和平的国家，在外交策略上，中国历朝历代做过不同的尝试，有的朝代曾对侵犯者“虽远必诛之”，有的朝代则选择出让利益以息事宁人，只求一时安宁。正确的态度是什么？苏轼打了个很好的比方，故意惹事相当于没病找药吃，但是胆小怕事则相当于生病了还不吃药。由此来看，这两种做法的水准半斤八两，都好不到哪里去。中国应当不卑不亢，热爱和平但不惧纷争。

清、慎、勤

【典出】宋·吕本中〔1〕《官箴》

【原文】当官之法，唯有三事：曰清、曰慎、曰勤。知此三者，可以保禄位，可以远耻辱，可以得上之知，可以得下之援。

【释义】清廉、谨慎、勤勉。

〔1〕 吕本中（1084—1145），字居仁，被称作“东莱先生”。他是南北宋之交的著名诗人、诗论家、理学家、词人，著有《春秋集解》《紫微诗话》《东莱先生诗集》等。吕本中诗数量较大，《全宋诗》收其诗二十四卷，《全宋词》收其词二十七首。

官箴是古代做官的箴言录，或者说怎样当官的道理。中国历代都有“官箴书”。其中吕本中的《官箴》影响极大，学者们对这一版本的《官箴》评价也很多，通常认为，其与理学思想关联密切。

吕本中在《官箴》中提出的三字要求，被历代官员奉为金科玉律。《四库提要》专门提到，“书首即揭清、慎、勤三字，以为当官之法，其言千古不可易”，梁启超也说“近世《官箴》，最脍炙人口者三字，曰清、慎、勤”。通常认为，为官之人真正掌握了这三个要素，就能持身立世。除了“勤政”和“廉政”外，这里面还提出了谨慎处事的要求，但是许多官员在面对钱财，处理事务时，往往难以克制自我，不讲究“慎独”，其结果往往是被侥幸心理所害。

一心可以丧邦，
一心可以兴邦。
只在公私之间尔。

【典出】宋·朱熹《论语集注·卷七　子路第十三》

【原文】程子曰："人各亲其亲，然后不独亲其亲。仲弓曰'焉知贤才而举之'、子曰'举尔所知，尔所不知，人其舍诸'，便见仲弓与圣人用心之大小。推此义，则一心可以兴邦，一心可以丧邦，只在公私之间尔。"

【释义】一种心可以导致亡国，一种心可以使国家兴盛。这两种心只是公与私之间的一念之差而已。

作为一个将“立党为公”写进党章的政党，中国共产党历来将“公心”放在极为重要的高度强调，因为这关系到执政党的公信力和国家的长治久安。何谓“公心”？并非是违背人的天性，让官员们完全摒弃私心，而是要在公共事务领域，将公共利益和人民群众的安危放在第一位。权力在手，不应用来谋求个人或小团体利益，而是要为百姓谋福祉。所谓“一心可以丧邦”，说的就是“私心”作祟之下，量变终究会导致质变，政权为人民所遗弃，因此在公与私之间，关乎一个政权的兴亡。

但愿苍生俱饱暖，不辞辛苦出山林。

【典出】宋·于谦《咏煤炭》[1]

【原文】凿开混沌得乌金，蓄藏阳和意最深。爝火燃回春浩浩，洪炉照破夜沉沉。鼎彝元赖生成力，铁石犹存死后心。但愿苍生俱饱暖，不辞辛苦出山林。

【释义】但愿天下百姓都能吃饱穿暖，我愿不辞辛苦走出山林，为百姓做事。

〔1〕 于谦（1398—1457），字廷益，号节庵，钱塘（今浙江杭州）人，明朝大臣。“土木堡之变”，明英宗被瓦剌俘获，他力排南迁之议，坚请固守，指挥了著名的“北京保卫战”。于谦为官勤政，忧国忘身，口不言功，自奉俭约，所居仅蔽风雨。

“群众利益无小事”。群众的一桩桩“小事”，是构成国家、集体“大事”的“细胞”，小的“细胞”健康，大的“肌体”才会充满生机与活力。对老百姓来说，他们身边每一件琐碎的小事，都是实实在在的大事，有的甚至还是急事、难事。如果这些“小事”得不到及时有效的解决，就会牵动他们的思想情绪，影响他们的生产生活。古往今来，许多有作为的“官”，都以关心百姓的疾苦为己任。从范仲淹的“先天下之忧而忧，后天下之乐而乐”，到郑板桥的“些小吾曹州县吏，一枝一叶总关情”；从杜甫的“安得广厦千万间，大庇天下寒士俱欢颜”，到于谦的“但愿苍生俱温饱，不辞辛苦出深林”，都充分说明心无百姓莫为官。

今天的党政干部，是人民的公仆，思想境界理当比封建士大夫高得多。因此，要把群众的安危冷暖挂在心上，以“天下大事必做于细”的态度，抓实做细事关群众切身利益的每项工作，努力办实每件事，才能赢得万人心。

公生明，
廉生威。

【典出】明·郭允礼[1]《官箴》

【原文】吏不畏吾严而畏吾廉，民不服吾能而服吾公；廉则吏不敢慢，公则民不敢欺；公生明，廉生威。

【释义】处事公正就能够明辨是非，做到秉公办事；做人廉洁就能够形成威望，让人心服。

〔1〕 郭允礼，字节之，明代山东曲阜县人。举人出身，正德十六年（1521）任无极知县，是《无极县志》记载中的明朝第十六任知县，后官升通判。郭允礼极为注重为官清廉，修养正身，曾于嘉靖三年（1524）10月在任所题书“居官座右铭”一则，镌刻于石，传之后代，被后人誉为“官箴石”，代代相传。如今，在无极县已经成立了郭允礼勤廉文化中心，专门对其廉政文化进行研究与展示。

“公生明，廉生威”这句刻于“官箴石”上的话颇有渊源，一说为明代无极知县郭允礼所书，一说出自明代山东巡抚年富之手，曾长期作为明清官吏的座右铭。从二十世纪九十年代开始，这句话就为历任国家领导人所引用，足见对其价值观之认同。公正、廉洁是政府公信力的基础，一个依法行政、廉洁高效的政府必定为人民所拥戴。

大事难事看担当，逆境顺境看襟度。

【典出】明·陈继儒《小窗幽记·醒卷》〔1〕

【原文】大事难事看担当，逆境顺境看襟度，临喜临怒看涵养，群行群止看识见。

【释义】看一个人的担当，要看他在大事、难事面前的表现；识一个人的胸襟气度，要看他在顺境和逆境中的样子。

〔1〕陈继儒（1558—1639），字仲醇，号眉公、麋公，华亭（今上海）人，明代文学家、书画家。由于厌恶明代官场权势倾轧、钩心斗角而选择隐居生活。《明史》将其收入《隐逸》部，称“继儒通明高迈，年甫二十九，取儒衣冠焚弃之，隐居昆山之阳，构庙祀二陆，草堂数椽，焚香晏坐，意豁如也”。朝廷屡次征用，皆以疾辞。工书画，书法苏轼、米芾，画擅墨梅、山水，一时与董其昌齐名。有《梅花册》《云山卷》等传世。

《小窗幽记》是陈继儒集编的修身处世格言集，讲述安身立命之道，原分醒、情、峭、灵、素、景、韵、奇、绮、豪、法、倩等十二卷，后人将其编为集醒、集情、集峭、集灵四部。此书与明洪应明《菜根谭》、清王永彬《围炉夜话》并称“处世三大奇书”，明清之际的沈德先评其曰“热闹中下一冷语，冷淡中下一热语，人都受其炉锤而不觉”。此外著有《妮古录》《陈眉公全集》等。

与《菜根谭》类似，《小窗幽记》中也蕴含了许多中国古人的智慧积淀。这四句话，对于“察人”来说可谓颠扑不破，对修身来说亦有指导作用。“疾风知劲草，烈火现真金”的担当，“宠辱不惊”的襟怀，“不以物喜，不以己悲”的定力，“友直、友谅、友多闻”的识见，都是古之君子毕生所追求的境界，也应当对胸怀天下人民、志存高远的共产党员有借鉴作用。对身在仕途的干部来说，尤其重要的，是做到心中有人民、凡事无愧于心。

勾践栖山中，国人能致死。

【典出】明·顾炎武[1]诗《秋山》

【原文】秋山复秋水，秋花红未已。烈风吹山冈，磷火来城市。天狗下巫门，白虹属军垒。可怜壮哉县，一旦生荆杞。归元贤大夫，断脰良家子。楚人固焚麇，庶几歆旧祀。勾践栖山中，国人能致死。叹息思古人，存亡自今始。

【释义】越王勾践卧薪尝胆，栖居会稽山中，越国的百姓情愿以死相效。

---

〔1〕顾炎武（1613—1682），本名绛，字忠清，明亡后，因仰慕文天祥学生王炎午的为人，改名炎武，字宁人，学者尊其为“亭林先生”。顾炎武知识渊博，是著名思想家、史学家和语言学家，与黄宗羲、王夫之并称为“明末清初三大儒”。顾炎武一生至死不食清禄，并提倡“保天下者，匹夫之贱，与有责焉耳矣”（后被梁启超引述为“天下兴亡，匹夫有责”）。这首《秋山》，也是他表明心迹的经典之作。

顾炎武学问渊博，在国家典制、郡邑掌故、天文仪象、河漕、兵农及经史百家、音韵训诂之学等方面，都有研究。他反对宋明理学空谈，提倡经世致用之学，晚年治经重考证，开清代朴学风气，被认为是清代考据学的开山祖。其代表作品包括其生平得意之作《日知录》，前后三十年才完成的《音学五书》，以及《金石文字记》《亭林诗文集》《天下郡国利病书》等。梁启超评价他的学术时说，“论清学开山之祖，舍亭林没有第二日人”。

马克思主义认为，人民群众才是历史的创造者。越王勾践卧薪尝胆的故事人人皆知，却往往忽略了他的成功背后，是越国百姓义无反顾的支持。人民愿意支持什么样的政权？从勾践的故事中不难看出，是愿意到群众中去，与群众紧密相连，为群众谋福祉的政权。“群众路线”作为中国共产党的一大法宝，在本届中央领导集体的领导之下，正在重新焕发生机，就是因为扎根泥土，深入群众。

苟利国家生死以，
岂因祸福避趋之。

【典出】清·林则徐[1]《赴戍登程口占示家人》

【原文】力微任重久神疲，再竭衰庸定不支。苟利国家生死以，岂因祸福避趋之！谪居正是君恩厚，养拙刚于戍卒宜。戏与山妻谈故事，试吟断送老头皮。

【释义】假如有利于国家，个人生死皆可相许，怎能因为顾虑一己祸福就不敢担当！

〔1〕林则徐（1785—1850），字元抚，又字少穆、石麟，晚号俟村老人、俟村退叟、七十二峰退叟、瓶泉居士、栎社散人等，侯官（今福建福州）人，是中国清朝后期政治家、思想家和诗人。曾任湖广总督、陕甘总督和云贵总督，两次受命钦差大臣。因主张严禁鸦片、抵抗西方列强的侵略，被国人誉为“民族英雄”。1839年，虎门销烟后，林则徐先后获命两江总督、两广总督。但一年后，气急败坏的英军组织反扑，攻打广州城未果后，英军一路北上，沿途劫掠，一直打到天津大沽口，威胁北京。道光帝惊慌失措，派直隶总督琦善南下议和，并将林则徐撤职，降为四品。后又革去“四品卿衔”，发配新疆伊犁。《赴戍登程口占示家人》便是在1841年赴伊犁途中，在西安与妻子作别时写下的诗歌。

林则徐虎门销烟，大涨民族士气，但朝廷却迫于国外压力，将其免职，戍配伊犁。林公内心的苦闷和委屈可想而知，但他在公义和私利的抉择上，毫不犹豫服从了公义，在难题和委屈面前，毫不犹豫承担起了责任，这种牺牲和担责是非凡的勇气，也是舍我其谁的精神魄力。在国家的发展大势中，我们是退避三舍，还是敢于担当，不仅反映了境界高下，也决定一个人最终是否有所作为。应时刻牢记：“一代人有一代人的作为，一代人有一代人的担当。”

俭则约，约则百善俱兴；侈则肆，肆则百恶俱纵。

【典出】清《格言联璧》

【原文】同引用

【释义】作风勤俭就会节约，节约会带来善的风气；奢侈会带来放纵，各种恶的风气也会随之而来。

“持躬”，谈的是个人修身问题。古代有“修身齐家治国平天下”的政治理想，这种理想是一个层层递进的格局。一个人是家庭的细胞，一个家庭又是社会的细胞，细胞的健康，直接影响到整个肌体的功能。细化到勤俭节约的美德，也是如此，而且我们每个人可能有更深的感触。对一个政党来说，在一穷二白的时代保持清廉容易；但在掌握权力以后，在物质丰富、经济发展的时代会面临更多的诱惑。作为党员干部来说，自觉加强党性修养，是立身之本、为政之要。

为官避事平生耻

【典出】清·曾国藩《治心经》[1]

【原文】君子之道，莫大乎以忠诚为天下倡。世之乱也，上下纵于亡等之欲，奸伪相吞，变诈相角，自图其安而予人以至危。畏难避害，曾不肯捐丝粟之力以拯天下，得忠诚者起而矫之，克己而爱人，去伪而崇拙，躬履诸难，而不责人以同患，浩然捐生，如远游之还乡，而无所顾悸。由是众人效其所为，亦皆以苟活为羞，以避事为耻。

【释义】当官的怕事躲事，堪称人生的耻辱。

〔1〕 曾国藩（1811—1872），初名子城，字伯函，号涤生，谥文正。曾国藩是晚清“中兴四大名臣”之一，是湘军的创立者和统帅，也是晚清散文“湘乡派”创立人。他官至两江总督、直隶总督、武英殿大学士，封一等毅勇侯。他影响了几代中国人，其思想、修身、治家方略、交友之道、军事谋略等，都有广泛影响。但站在不同的立场上，曾国藩在生前死后毁誉皆当其极。《治心经》是曾国藩积数十年之曲折，独创治心之法。他早年跟从唐鉴、倭仁等理学大师研究性理之学，又深受王夫之经世致用思想的影响，注意把二者结合起来，完善人生的精神境界。在《治心经》中，曾国藩讲究心、身并治，口、体兼防，包括治心篇、

在其位者如果怕事，只想保住官位子，不敢得罪人，不敢啃硬骨头，则枉对组织和人民的信任。避事是官员一生的耻辱，官场要不得世故、奸猾之辈，也要不得老好人，要的是能勇于担当者。为官不为，有愧于人民的信任。

养心篇、暇心篇等十数种。尽管不同立场的人对曾国藩评价不一，但对于他的修身术大都予以肯定。李鸿章曾评价他老师的成功是因为“沉毅之气，坚卓之力，深远之谋，始终不变，而持之有恒”，梁启超更是认为，“使曾文正公毅力稍不足者，则其为失败之人，无可疑也”。由此可见，曾国藩的治心之法备受推崇。

治理篇

治理国家靠百官。“致天下之治者在人才”。“为政之要，莫先于用人。”而“为民、务实、清廉”就是对官员的基本要求。

治理国家靠法治。“理国要道，在于公平正直。”“国皆有法，而无使法必行之法。”有好官有良法的国家，均重视“民”，“治理之道，莫要于安民；安民之道，在于察其疾苦”。

治理国家需领导艺术。一个高明的领导，讲究领导艺术，知关节，得要领，把握规律，掌握节奏，举重若轻。

功崇惟志，业广惟勤。

【典出】《尚书·周书》[1]

【原文】戒尔卿士，功崇惟志，业广惟勤，惟克果断，乃罔后艰。

【释义】功业尊崇，是因为志向坚定，事业广大，是因为勤勉努力。

〔1〕《周书》十二篇是《尚书》中的重要组成部分。周公是中国古代著名的政治家、思想家。《尚书·周书》中保存了西周初期与周公相关的一些重要史料，记录了周公的一些主要的治国理念，如明德慎罚、敬天保民、立政唯贤、居安思危等。

志是名词，是志向，是事业的目标，志也是动词，是有志于一个目标，不断迈进。在达到目的的过程中，勤勉是基本的态度。目标和态度一确定，便需要付出扎实的努力，抓铁有痕、踏石留印，一件事一件事做，一个坎一个坎过。

为之于未有，治之于未乱。

【典出】《老子》

【原文】其安易持，其未兆易谋；其脆易泮〔1〕，其微易散。为之于未有，治之于未乱。合抱之木，生于毫末；九层之台，起于累土；千里之行，始于足下。

【释义】做事情，要在尚未发生以前就处理妥当；治理国政，要在祸乱没有产生以前就早做准备。

〔1〕泮：如《诗·邶风·匏有苦叶》中“迨冰未泮”，意指冰雪消融，引申为分离、分解。

中国的哲学是时间的哲学，主张在时间流中去探讨事物的衍生规律，获得处理问题的智慧。比如，中医讲究“治未病”，病要在未得时医治，等病征显现出来已经晚了一步。主张要有忧患意识，居安思危。凡事预则立，不预则废。处理问题，治国理政，要学会“下先手棋”等。《老子》讲“为之于未有，治之于未乱”就是这个意思。

当前，我国经济社会发展正处于全面深化改革的重要历史时期，呈现出许多不同以往的新特点、新情况，对于各种问题，要防患于未然，化解于无形。即便形势很好，我们仍要保持清醒头脑，能敏锐发现问题的苗头。这相当考验一个领导干部的洞察力和智慧。

图难于其易，为大于其细。天下难事，必作于易；天下大事，必作于细。

【典出】《老子》

【原文】为无为，事无事，味无味。大小多少，报怨以德。图难于其易，为大于其细。天下难事必作于易，天下大事必作于细。是以圣人终不为大，故能成其大。夫轻诺必寡信，多易必多难。是以圣人犹难之，故终无难矣。

【释义】谋划大事难事，要从小处和容易处考虑。天下的难事，都是先从容易的地方做起；天下的大事，都是从细微的小事做起。

《老子》充满了辩证的智慧。“图难于其易，为大于其细。天下难事，必作于易；天下大事，必作于细”，将难与易，大与细（小）的相互转化阐释得淋漓尽致。

治理天下是难事大事，却必须从小事做起。实现好、维护好、发展好人民利益，不是抽象的，而是具体的，可能就在如何落实好一个农民工的工资，解决好一个儿童的上学，帮助好一个青年的就业之中。每个地方，都要认认真真办好每一件实事，不断让人民群众得到实实在在的利益。当下，中国已经进入改革的深水区，我们需要有宏大的顶层设计，但绝不是好高骛远。脚踏实地，一件事一件事去办，一个难关一个难关去过，积少成多，聚沙成塔，才是事业发展的根本方法。

四维不张，
国乃灭亡。

【典出】《管子·牧民》

【原文】礼义廉耻，国之四维，四维不张，国乃灭亡。

【释义】如果礼义廉耻不能得到推行，国家就会灭亡。

每个时代都有每个时代的精神，每个时代都有每个时代的价值观念。国有四维，礼义廉耻，“四维不张，国乃灭亡。”这是中国先人对当时核心价值观的认识。在当代，中国提出要倡导富强、民主、文明、和谐，倡导自由、平等、公正、法治，倡导爱国、敬业、诚信、友善，积极培育和践行社会主义核心价值观。富强、民主、文明、和谐是国家层面的价值要求，自由、平等、公正、法治是社会层面的价值要求，爱国、敬业、诚信、友善是公民层面的价值要求。这个概括，实际上回答了我们要建设什么样的国家、建设什么样的社会、培育什么样的公民的重大问题。

不作无补之功，
不为无益之事。

【典出】《管子·禁藏》

【原文】不作无补之功，不为无益之事，故意定而不营气情。气情不营则耳目穀，衣食足。耳目穀，衣食足，则侵争不生，怨怒无有，上下相亲，兵刃不用矣。

【释义】不去立（对人对事）没有好处的功劳，也不去做（对人对事）没有益处的事情。

为民办实事，既要考虑群众的需求，也必须要有科学的决策，考虑其长远的影响，而不是只看眼前的价值。例如，开发一片森林，可以增大耕地面积，解决一部分困难群众的温饱问题，但有可能造成生态恶化、水土流失，长远来看，不但耕地没法使用，当地也会不宜人居。这种拍脑门的决策，屡屡见诸报端。所以在施政时，必须增强科学论证环节，着眼长远利益。

凡法事者，
操持不可以不正，
操持不正，
则听治不公，
听治不公，
则治不尽理，
事不尽应。
治不尽理，
则疏远微贱者
无所告诉。
事不尽应，
则功利不尽举。

【典出】《管子·版法解》

【原文】同引用

【释义】凡有关法度之事，掌握起来不能不公正。拿捏不公正，则判断不公正；判断不公正，则治事不完全合乎事理，办事不完全得当。治事不完全合乎事理，老百姓就无处申诉。办事不完全得当，有利于国计民生的事业就不能充分展开。国计民生事业不充分展开，则国家贫穷；老百姓无处申冤，则民间动荡。

功利不尽举，则国贫，疏远微贱者无所告诉，则下饶。

所谓“版法”，就是把政治之要道“载之于版，以为常法”。而在执行“常法”时，管子提出一个重要的原则，就是“正”与“公”。所谓正，即不偏不倚；公，为不存私心。在这段论述里，管子所论之“法”，主要有两个功效：一是使民众的诉求得到表达，正义得到伸张，二是能使事关国计民生之事顺利开展。一个关乎经济民生，一个关乎社会秩序。司法公正是最大的社会公正。对于中国的普通百姓来说，自身困难需要诉诸法律的时候，是最需要得到政府帮助的时候。法律如果不能秉持公正，还以公道，所影响的就不仅仅是一个案件，而是百姓对政府的信任。

视其所以，观其所由，察其所安。

【典出】《论语·为政》

【原文】子曰："视其所以，观其所由，察其所安，人焉廋[1]哉？人焉廋哉？"

【释义】孔子说："看一个人的所作所为，观察他的动机，考察他所安于、乐于做的事情，这样，一个人还有什么可以隐藏的呢？怎么隐藏得了呢？"

〔1〕 廋，音 sōu，隐匿的意思。

孔子此言，在论“察人”。如何评价一个人是善还是恶、是君子还是小人？孔子给出的方法可谓操作性极强：考察其行为，并且考察其动机——这样可以分辨是真善还是伪善；而考察一个人安于什么、乐于什么，是另外一个考察维度，即一个人的某次行为、某次语言都可能有伪饰的成分，但是喜欢什么、长期做什么，是装不出来的。所谓“知人励品”，就是这种考察方法。

不患寡而患不均

【典出】《论语·季氏》

【原文】孔子曰："求！君子疾夫舍曰欲之而必为之辞。丘也闻有国有家者，不患寡而患不均，不患贫而患不安。盖均无贫，和无寡，安无倾。夫如是，故远人不服，则修文德以来之。既来之，则安之。今由与求也，相夫子，远人不服，而不能来也，邦分崩离析，而不能守也；而谋动干戈于邦内。吾恐季孙之忧，不在颛臾，而在萧墙之内也。"

【释义】不担心分得少，而是担心分配得不均匀。

孔子的这种思想，对于中国社会的影响很大，不仅为政者重视，百姓也往往以此检验政策的合理性。值得注意的是，其所提倡的并不是绝对平均，朱熹曾为此专门解释说，这里的“均”是指“各得其分”，即每个人能拿到属于自己的那部分，而不是硬性的希望所有人都能拿一样多。今天的中国，公平与正义是社会主流价值观的一部分，如何打造一个这样的社会，是为政者需要不断思考的问题。例如，在卖地可以大幅增加当地财政的同时，也要思考，过分依赖“土地财政”对当地经济发展是否有利？是否会抬高当地房价，让普通百姓“居者有其屋”的梦想难以实现？在处理这些具体的问题时，领导干部们需要时时不忘古人的提醒，因为事关社会的稳定与长治久安，与人民生活的幸福指数息息相关。

尚贤者，政之本也。

【典出】《墨子·尚贤》

【原文】得意，贤士不可不举，不得意，贤士不可不举。倘欲祖述尧舜禹汤之道，将不可以不尚贤。夫尚贤者，政之本也。

【释义】崇尚贤能的人，是为政的根本。

墨子创立的墨家学说，与儒学并称“显学”。墨子指出“尚贤者，政之本也”。他认为，打破血统界线和论资排辈，崇尚贤能之人，是为政的根本。他的这一思想，包含了平等选拔和科学使用人才的思想。他的“举义不避贫贱”“举义不避亲疏”“举义不避远近”等原则，今天依旧适用。治国之要，首在用人。中国共产党历来高度重视选贤任能，始终把选人用人作为关系党和人民事业的关键性、根本性问题来抓。

举才不党父兄，不偏贵富，不嬖颜色。

【典出】《墨子·尚贤》

【原文】故古者圣王甚尊尚贤而任使能，不党父兄，不偏贵富，不嬖颜色。贤者举而上之，富而贵之，以为官长；不肖者抑而废之，贫而贱之，以为徒役。

【释义】古代圣明的王者尊崇贤人，并能任命、选用能者，在选人用人上不为亲属徇私，不偏向有钱有势的人，也不因长相而有所偏好。

“选贤任能”，是用人的理想境界。如何达到这样的理想境界？古往今来有很多实践操作。从封邦建国到察举制，从九品中正制到科举制，历代不同的选官任官制度，体现出来的是倚重不同社会阶层和集团的思路。墨子的这种说法，其意也在于在那个百家争鸣的时代，为奔走各国的士阶层赢得一个向上的机会，而这种唯才是举、公开公平的思路，深刻地影响了后来的政治家。在今天，我们同样需要这样的选人用人的格调和魄力，从基层、从实际工作中提拔真正有才干的人才，而非“从身边提起”，也非依靠裙带关系网、凭出身选用人才。立党为公、执政为民的我们，在选人用人上也应当“英雄不问出处”。

天时不如地利，地利不如人和。

【典出】《孟子·公孙丑下》。

【原文】孟子曰："天时不如地利，地利不如人和。三里之城，七里之郭，环而攻之而不胜。夫环而攻之，必有得天时者矣；然而不胜者，是天时不如地利也。城非不高也，池非不深也，兵革非不坚利也，米粟非不多也，委而去之，是地利不如人和也。故曰，域民不以封疆之界，固国不以山溪之险，威天下不以兵革之利。得道者多助，失道者寡助；寡助之至，亲戚畔之；多助之至，天下顺之。以天下之所顺，攻亲戚之所畔，故君子有不战，战必胜矣。"

【释义】有利的时机和气候不如有利的地势，有利的地势不如人的齐心协力。

和，是中华文化的核心概念。中国人讲，乐在人和。古往今来，“人和”一直都为有识之士奉为圭臬，铭记于心。诸如“天时不如地利，地利不如人和”，“愿同尧舜意，所乐在人和”，“一个好汉三个帮，一个篱笆三个桩”，“红花虽好，终需绿叶相扶”等等，这些古诗词和现代俗语，都充分体现了人们追求真诚、友善的人际关系的良好愿望。实践也反复证明，团结才有力量，人和才能政通。同志之间、上下级之间以及部门之间各个方面的团结和协作，是保证事业成功的关键。作为领导机关的党员干部，就更需要讲团结、顾大局，正确对待自己和别人，与人为善、常怀善念，互相尊重、互相支持，在相互配合中加深了解，在合作共事中增进团结，努力营造一心一意干工作、竭心尽力谋发展的良好氛围，树立自己的形象，打出自己的“品牌”。

见骥一毛，不知其状；见画一色，不知其美。

【典出】战国·尸佼《尸子》[1]

【原文】同引用

【释义】见到良马身上的一根毛，不知道它长什么样；见到画的一点色块，不能知晓它有多美。

〔1〕尸佼，战国时期著名的政治家、思想家，先秦诸子百家之一，被列为杂家，其思想与法家有相通之处。根据班固的记载，他是鲁国人，是商鞅的老师。明于刑名之术，被称为“尸子”。尸佼的社会改革和哲学思想都颇为重要。《尸子》一书早佚，由后人辑成。在书中提出的“四方上下曰宇，往古来今曰宙”，是迄今为止在中国典籍中找到的与现代“时空”概念最好的对应。书中的思想如“兼爱百姓，务利天下”“善修国政”等对今天依旧有参考价值。

整体的效果大于个体的总和，这是因为在配合中能产生“1+1>2”的效果。在实际工作中，每个官员都会面临着与他人合作的问题，因每个人分工不同，而无论中央还是地方的发展战略，通常都是系统工程，需要各方之间的良好配合，因此，对于领导干部来说，需要有积极配合的意识，以及将集体利益置于个人喜好之前的觉悟。一支足球队光有一个顶尖前锋无法夺冠，需要有十一个配合默契的球员各司其职，才有可能问鼎冠军。

国皆有法，而无使法必行之法。

【典出】《商君书·画策》

【原文】国之乱也，非其法乱也，非法不用也。国皆有法，而无使法必行之法。

【释义】任何国家都是有法律的，但是没有一个能保证这些法律一定得到遵循的法。

治理的出发点是人，归结点还是人。法是规范群体的行为准则，但有法未必能行。如何把规范深植于每个人的心中，成为自觉，就是需要培育法治精神。没有法治精神，再精密的法律条文都难免沦为摆设。可以说，法治精神是法治的灵魂。

明代张居正曾感叹道："天下之事不难于立法，而难于法之必行"，讲的是同样道理。人们没有法治精神、社会没有法治风尚，法治只能是无本之木、无根之花、无源之水。从客观上说，法治并不体现于普通民众对法律条文有多么详细的了解，而在于在日常行为中时刻体现规范意识。

宰相必起于州部，猛将必发于卒伍。

【典出】《韩非子·显学》

【原文】故明主之吏，宰相必起于州部，猛将必发于卒伍。夫有功者必赏，则爵禄厚而愈劝；迁官袭级，则官职大而愈治。夫爵禄大而官职治，王之道也。

【释义】圣明的君主选拔官吏，一定会从基层官员中选宰相，从普通士兵中选猛将。奖赏有功之人，爵禄越丰厚，越有正面引导作用；逐级提拔基层官员，职位越高，国家治理得越好。能做到这样的地步，就是王道的境界。

在韩非子这样的法家看来，所谓“王道”，就是普通官员、普通士兵都能得到重用。看似简单，内里却有丰富的内涵。一是在选人用人上不拘一格，非常重视“基层”的作用，“唯才是举”，而非以门户、地位、关系、财富等其他标准衡量人才，从而形成社会阶层的流动机制，让普通人都能凭借才能得到用武之地。二是在用人方面形成良好的升迁擢要制度，同样，评价的标准是才能和功绩。先秦是一个士阶层纵横捭阖的时代，这样的人才流动一度曾经实现，可惜在后来的岁月里，这种打破社会阶层固化格局的努力又经历了不同程度的倒退。治理大国更需要基层经验，这一点在当下的政治实践中也得以越来越多的体现。

不实在于轻发

【典出】《尉缭子》[1]

【原文】威在于不变，惠在于因时，机在于应事，战在于治气，攻在于意表，守在于外饰，无过在于度数，无困在于豫备，慎在于畏小，智在于治大，除害在于敢断，得众在于下人，悔在于任疑，孽在于屠戮，偏在于多私，不祥在于恶闻己过，不度在于竭民财，不明在于受间，不实在于轻发，固陋在于离贤，祸在于好利，害在于亲小人，亡在于无所守，危在于无号令。

【释义】做事不踏实，常由轻举妄动所致。

〔1〕《尉缭子》是中国古代一部重要的兵书，其作者、成书年代以及性质归属等历来都有争议。一种说法认为作者是魏惠王时的隐士，另一种说法则认为是秦始皇时的大梁人尉缭。一般署名是尉缭子。此书具有朴素的唯物主义思想，理论水平很高，对于政治、经济和军事等都有颇为深刻的思考。最早著录于《汉书·艺文志》，书中杂家类著录《尉缭》二十九篇，兵形势家类著录《尉缭》三十一篇，今本《尉缭子》共分为五卷。

常言道:"新官上任三把火。"一个人在走上领导干部岗位之初，往往怀有雄心壮志改变局面，因此决策或政策往往未经严格评估，靠一腔热情来推动。但在制度越来越健全的今天，这种行事风格往往是行不通的，一个政策要通过，必须要有完整的决议过程，符合法治精神与条文。因此，对于今天的领导干部来说，更为重要的品质并非能否烧出"三把火"，而在于是否有"过山劲"，将一个好的蓝图或政策，坚持不懈地推行下去，不是追求轰动的效果，而是追求长期的积累与渐进的推动。

大道之行也，天下为公。

【典出】《礼记·礼运》[1]

【原文】大道之行也，天下为公。选贤与能，讲信修睦，故人不独亲其亲，不独子其子，使老有所终，壮有所用，幼有所长，矜寡孤独废疾者，皆有所养。

【释义】至高的治理理想，是大道行于天下，公义为先。

〔1〕《礼运》是《礼记》中的一篇重要文献。大约是战国末年或秦汉之际儒家学者托名孔子的著作。全文借孔子对弟子子游“喟然而叹”，论述了礼的起源、运行与作用等内容，反映了儒家的政治思想和历史观。尤其是书中“大道之行也，天下为公”一段，详细描绘了“天下大同”的理想世界，“大同”也成为中国古代最高的政治理想，对历代政治家，改革家都有深远的影响。比如，清末康有为就曾为《礼运》作注，在注解中发挥了有关变法维新的政治主张。

“天下大同”是中国古代最高的政治理想。各尽其能，社会和谐，而且人人能在公共生活中实现自我利益和价值。在西方的自由主义政治学说中，公和私是对立的两元，所以政体设计上要划清两者界限，互不侵犯。但是，在中国人的政治理想中，公和私是可以协同发展，共同实现价值的。因为，中国人相信，个体家庭的“小我”和社会政治生活的“大我”是价值相通的，“小我”需要在“大我”中得到最终的价值实现，所以有“修齐治平”的一套人生进阶。这是理解中国政治的一把钥匙。

元代·佚名《松下儒讲图》

南宋・佚名《虎溪三笑图》

子产〔1〕治郑，民不能欺；子贱〔2〕治单父，民不忍欺；西门豹〔3〕治邺，民不敢欺。

【典出】《史记·滑稽列传》

【原文】同引用

【释义】子产治理郑国，百姓没法欺骗他；子贱治理单父，百姓不忍心欺骗他；西门豹治理邺，百姓不敢欺骗他。

〔1〕 子产（？—前522），本名姬侨，字子产，又字子美，人们又称他为公孙侨、郑子产，他是郑穆公的孙子，春秋后期郑国（今河南新郑）人，与孔子同时，是孔子非常尊敬的政治家之一。公元前543年到公元前522年执掌郑国国政。

〔2〕 子贱，生卒年不详，姓宓（fú），名不齐，字子贱，春秋末期鲁国人。孔子七十二门人之一，曾在鲁国单父（今山东菏泽单县）为官。

〔3〕 西门豹，生卒年不详，战国时期魏国政治家。魏文侯（前446—前396在位）时任邺（今河北省临漳县西，河南省安阳市北）令。铁腕治邺，趁河伯娶妻的机会，惩治了地方恶霸势力，禁止巫风。又勘测水源，开挖十二条河渠，改善当地农业基础。同时实行“寓兵于农、藏粮于民”的政策，很快就使邺城民富兵强，成为战国时期魏国的东北重镇。

治理思想和治理方法，自古就有多种。春秋时著名政治家子产，他亲力亲为，明察秋毫，时间不长，就把郑国治理得“门不夜关，道不拾遗”，百姓不敢欺骗他。子贱天天躲在房里弹琴，依旧把单父治理得井井有条，他的经验是，重视教化，讲究用人，为政清净，百姓不忍心欺骗他。西门豹是战国时魏人，他以大智若愚、大巧若拙的面貌出现，顺利革除“为河伯娶妇”的陋习，带领百姓兴修水利，用重典治乱世，百姓不敢欺骗他。一是亲力亲为，二是求贤自辅，三是威化御俗，这三种治理思想，因时而异，顺势而制，对今日仍有巨大借鉴意义。

治乱绳，不可急。

【典出】《汉书·龚遂传》〔1〕

【原文】遂曰："臣闻治乱民犹治乱绳，不可急也；唯缓之，然后可治。臣愿丞相、御史且无拘臣以文法，得一切便宜从事。"上许焉，加赐黄金，赠遣。

【释义】解开一团乱麻般的绳子，不能着急，需要慢慢理清头绪。

〔1〕《汉书》，又称《前汉书》，主要由东汉历史学家班固编撰，是中国第一部纪传体断代史，"二十四史"之一，与《史记》《后汉书》《三国志》并称为"前四史"。全书主要记述了上起西汉的汉高祖元年（前206），下至新朝的王莽地皇四年（23），共二百三十年的史事。《汉书》包括纪十二篇，表八篇，志十篇，传七十篇，共一百篇，后人划分为一百二十卷，共八十万字。

《汉书》的语言庄严工整，多用排偶、古字古词，遣词造句非常典雅，与《史记》平畅的口语化文字形成了鲜明的对照，也是文学史上的经典作品。

商鞅因为军功曾受封于商，后世称为商君。《商君书》就是商鞅一派法家著作的汇编，又称《商子》。《汉书·艺文志》著录二十九篇，现存二十四篇。其中有些篇章所述史实发生在商鞅死后，因此不是其本人所著，但书中也保留了一些商鞅遗著，记录了商鞅的言行，应为战国末年商鞅后学编成。书中着重论述了商鞅一派的变法理论和具体措施，主张加强君权，建立赏罚分明的法治制度。

中国人做事，讲究轻重缓急。有些事必须抓紧，有些事则急不得。正如“治乱绳，不可急也；唯缓之，然后可治”。条分缕析，慢慢找到症结所在，这考验一个人的智慧的锐度和心理的耐力。

比如楼市，可以说是中国当下的“乱绳”，此前政策出台不少，却陷入越调越涨的怪圈。近两年中央一直不急于出招，却逐步使房价呈现回归理性趋势。这一急一缓，效果大不一样。又如，许多青年干部走上领导岗位时，有一股狠狠砍几“板斧”扭转一下局面的虎劲。这种工作热情和想获得社会承认的动机是好的。但如果在情况不明、心中无数的时候，求成心切，操之过急，也容易事与愿违。

大鹏之动，非一羽之轻也；骐骥之速，非一足之力也。

【典出】汉·王符《潜夫论·释难》[1]

【原文】是故大鹏之动，非一羽之轻也；骐骥之速，非一足之力也。

【释义】大鹏冲天飞翔，不是靠一根羽毛的轻盈；骏马急速奔跑，不是靠一只脚的力量。

〔1〕 王符（85—162），安定临泾（今甘肃镇原）人，东汉政论家、文学家、思想家。王符一生无意仕途，隐居著书，但依然心存天下，多讥评时政得失。又因“不欲彰显其名”，所以将所著书名之为《潜夫论》。《潜夫论》是王符的代表作，今存本三十五篇，《叙录》一篇，共三十六篇，虽有脱乱，但大致仍属旧本。全书从《赞学》始，以《五德志》叙帝王世系、《志氏姓》考谱牒源流而终。其余诸篇，分别论述国家的用人、行政、边防等内外统治策略和时政弊端，兼及批评当时迷信卜巫、交际势利等社会不良风气。思想上折中孔子，参合了申、商、韩非等法家观点，可以说，以儒为体，以法为用。《文心雕龙》归之“诸子”，而《隋书·经籍志》则入于“儒家”。

“一个巴掌拍不响”，一个人再有能力、想法，单打独斗逞不了英雄。在分工明细的时代，更需要强调合作。对领导干部来说，有好的发展思路，还需要凝聚人心、集合群力的能力和手段，这是基本素质。一个国家的发展也是如此。在现阶段，中国依然存在着严重的发展不平衡，但欠发达地区真的拖了发展后腿吗？骏马身上的四条腿都不是可有可无的，关键还在于如何发挥各自优势，协调联动。就这点来说，中国要飞得高、跑得快，就得依靠十三亿多全体人民的力量。所以说，在中国的改革道路上，没有人是旁观者。

善禁者，
先禁其身而后人。

【典出】东汉·荀悦《申鉴·政体》

【原文】善禁者，先禁其身而后人。不善禁者，先禁人而后身。

【释义】善于用禁令治理社会的人，必然自己首先按禁令要求自己，然后才去要求别人。不善于用禁令治理社会的人，首先要求别人按照禁令去做，然后才去要求自己。

孔子曾说，其身正，不令而行；其身不正，虽令不从。荀悦的这段话，表达的也是同样的“表率”作用。要求别人做的，自己要先做到，这样才能产生威信；否则，威信不存，政令亦难以推行。

每一个手中拥有权力、拥有约束他人能力的部门和官员，都应该用这句话来警示自己、要求自己。即使是单位里新立了一个小制度，领导的带头遵守，也都会起到良好的示范效应。权威是一天天积累起来的，也是在细节里体现出来的。同样，毁掉这种权威的，往往也是细节。

理国要道，在于公平正直。

【典出】唐·吴兢《贞观政要》（房玄龄〔1〕语）

【原文】同引用

【释义】治理国家最重要的，在于保持政令、措施的公平与正直。

〔1〕房玄龄（579—648），名乔，字玄龄，临淄（今山东淄博）人，房彦谦之子。唐朝初年名相。十八岁时举进士。隋末天下大乱，房玄龄投奔李世民，参谋划策，典管书记，任秦王府记室。每平定一地，别人争着求取珍玩，他却首先为李世民收罗人才，为李世民器重。武德九年(626)，他参与玄武门之变的策划，帮助李世民谋得帝王之位，李世民称赞他有“筹谋帷幄，定社稷之功”。因长于谋略，与当时另一位大臣杜如晦并称“房谋杜断”。房玄龄死后，李世民为之废朝三日，赠太尉，谥曰文昭，陪葬昭陵。与初唐其他二十三位开国功臣一起画像并供奉于“凌烟阁”。

“理国要道，在于公平正直。”自古至今，民众都爱好官，而好官的共同特点是公平正直。促进社会公平正义是政法工作的核心价值追求。从一定意义上说，公平正义是政法工作的生命线，司法机关是维护社会公平正义的最后一道防线。让人民群众切实感受到公平正义就在身边，要重点解决好损害群众权益的突出问题，决不允许对群众的报警求助置之不理，决不允许让普通群众打不起官司，决不允许滥用权力侵犯群众合法权益，决不允许执法犯法造成冤假错案。

邦之兴，
由得人也；
邦之亡，
由失人也。
得其人，
失其人，
非一朝一夕之故，
其所来者渐矣。

【典出】唐·白居易《策林·辨兴亡之由》[1]

【原文】臣观前代，邦之兴，由得人也，邦之亡，由失人也。得其人，失其人，非一朝一夕之故也，其所由来者渐矣。天地不能顿为寒暑，必渐于春秋，人君不能顿为兴亡，必渐于善恶。善不积，不能勃焉而兴，恶不积，不能忽焉而亡。善与恶始系于君也，兴与亡终系于人也。

【释义】国家兴旺，原因在用人得当；国家灭亡，在于用人失当。用人得当也好，失当也罢，都非朝夕所致，而是长期形成的，就像自然需通过春秋过渡到夏冬，君主需要通过积累善或恶才能招致兴盛或灭亡。但最终，国家兴亡，关系最要者，还在用人。

〔1〕白居易（772—846），字乐天，号香山居士，又号醉吟先生。太原人，唐代伟大诗人。因与元稹“交情隆厚”，一同倡导新乐府运动，故有“元白”并称。晚年笃信佛教。有《白氏长庆集》七十一卷传世。白居易在诗歌史上影响极大，历代评论家多将其列为仅次于李杜的唐代诗人。他自觉将自己的诗歌分为讽喻、闲适、感伤、杂律四类，并在给元稹的信中，称“仆志在兼济，行在独善。

治理国家，要依靠庞大的文官系统。每一个个体的官员、干部，都是这张科层制大网上的一个节点，承担着各自的治理职能。政令能否准确地传达、准确地被执行，依赖于每一个节点。每一个节点，每一个官员，也都是百姓直接与之对话的“政府”，代表着整个政权的形象。因此，才有了“为政之道，首在用人”的表述。

白居易的这段话更值得注意的是，他指出了用人得失、善恶之风的“累积”。跑官要官，甚至买官卖官、拉选票、“带病提拔”等不正之风，是逐渐积累起来的，到一定程度上就会积重难返。因此，清正的选拔制度、公平的考核与升迁制度，靠设计，更靠认真执行。“善”之累积，尤其不易。

奉而始终之则为道，言而发明之则为诗”，早期有“文章合为时而著，歌诗合为事而作”的主张。在《新乐府序》中，他反对六朝以来重音韵、轻内容的华美绮丽文风。《唐才子传》对白居易的评价是“公诗以六义为主，不尚艰难。每成篇，必令其家老妪读之，问解则录。后人评白诗‘如山东父老课农桑，言言皆实’者也”，体现出他质朴、通俗的创作倾向。不过，就艺术价值而言，后世最为称道的，还是《长恨歌》与《琵琶行》二首可谓“字字珠玑”的艺术性长诗。《策林》是白居易于元和元年（806）拟作的七十五篇文章，探讨时政问题，如为君为圣之道、施政化民之略、求贤选能之方、整肃吏治之法、治军御兵之要、礼乐文教之功等。

历览前贤国与家，成由勤俭破由奢。

【典出】唐·李商隐《咏史》[1]

【原文】历览前贤国与家，成由勤俭破由奢。何须琥珀方为枕，岂得真珠始是车。运去不逢青海马，力穷难拔蜀山蛇。几人曾预南薰曲，终古苍梧哭翠华。

【释义】察看以前王朝的历史就可以看到，兴盛之时，往往是因为勤俭成风；而衰败则多因为奢靡。

〔1〕 李商隐（813—858），字义山，号玉谿（溪）生，又号樊南生，原籍怀州河内（今河南沁阳），祖辈迁荥阳（今属河南）。晚唐著名诗人，和杜牧合称“小李杜”，又与温庭筠并称“温李”。作为晚唐诗歌的一座高峰，李商隐的诗构思新奇，文辞清丽，意韵深微，尤以一些爱情诗和无题诗流传广泛，其风格缠绵悱恻，优美动人，但也有些过于隐晦曲折，典故频叠，索解不易，以至于金人元好问在论诗时有“诗家总爱西昆好，独恨无人作郑笺”之说。名篇甚多。除诗歌外，李商隐的骈文写得也极出色。这或许与其长期屈居幕僚、以四六写作公文有关。有《李义山诗集》三卷传世。

“成由勤俭破由奢”的判断，是诗人李商隐对历史的敏感与洞察，也是历史真理。与此相配合的还有一句古语：由俭入奢易，由奢入俭难。在历史上，王朝的草创期和中兴期，大多数“创业型”的团队都比较容易保有艰苦朴素的奋斗作风；但随着承平日久，“坐江山”的后代并不容易体会“打江山”的艰难，奢靡享乐之风开始盛行之时，就预示着败亡。上层的奢靡，必然是以下层的困苦为代价的；上层贪图享乐，也意味着不识民间疾苦。这种上下层相分离、并且“一苦一乐”的对照，最终带来的必然是丧失民心、国家动乱。

共产党人很早就预见到了这一点。1949年，在前往北京的路上，毛泽东同志告诫全党，我们是去“进京‘赶考’”。他也预见到，有的干部不会被炮弹打倒，却会招架不住“糖衣炮弹”的攻击。因此，在今天回看“两个务必”的要求，方能体会到伟人的长远眼光。

法令既行，
纪律自正，
则无不治之国，
无不化之民。

【典出】宋·包拯《致君》

【原文】同引用

【释义】只要依法治国法令畅通，纪律和风气自然清正，那样就不会有治不好的国家，也不会有顽固不化的百姓。

法是一个社会的基本规则，为官之义在于明法。无明法不足以正纲纪，无纲纪就不能护公正、张道义。“明”是让百姓懂法，知道哪些可为，哪些不可为。“明”也是让自己懂法，在内心拉一条底线。所谓“子帅以正，孰敢不正”，领导干部带头遵纪守法，才能让法令顺利推行。在这点上，任何人都不应有例外，而领导干部尤其要出于一颗公心，真正从心底敬畏法律。因此，只有为官者“寸心不昧”，方能使“万法皆明”。法度明，纲纪正，大治之势必成。事实也证明，哪里的领导秉公办事，不畏权贵，执法严明，哪里的正气就上升，事情就好办。

官之至难者，令也。

【典出】明·海瑞《令箴》〔1〕

【原文】同引用

【释义】最难做的官是县官。

〔1〕 海瑞（1514—1587），字汝贤，号刚峰，琼山（今海南）人，明朝著名清官。海瑞做过浙江淳安和江西兴国的知县，他在任上很得民心，被称为“海青天”。民间也有很多关于他的传说故事，甚至有以他做主人翁的公案小说《海公大红袍》广为流传。

“麻雀虽小，五脏俱全”。基层工作是许多领导干部在走上重要岗位之前必经的锻炼过程。基层工作对人的锻炼和培养，是其他工作岗位难以替代的，其深入群众，对于认识中国的国情与现状有着十分重要的意义，对于获知群众的根本需求，有着直接的帮助。明代海瑞在《令箴》中说：“官之至难者，令也。”这句话指出了需要很强的能力才能胜任县级领导，也是实情。尽管中国有几千个县，但每一个县都包含了政治、经济、文化等各方面，都要负责当地老百姓的衣食住行、生老病死，中央有什么机构，县一级一般也有对应的部门，只是规模不同。可以说，县一级工作看上去规模没有那么大，但每一个决策所影响的都是十几万甚至上百万老百姓的生产、生活，因此需要非常谨慎。再加上县一级工作承上启下，既需对上负责，又与老百姓距离非常近，其重要性不言而喻。

诚欲正朝廷以正百官，当以激浊扬清为第一要义。

【典出】清·顾炎武《与公肃甥书》

【原文】同引用

【释义】要兴国安邦正百官，首先必须除恶扬善，扶正祛邪，弘扬正气。

“激”浊“扬”清一说，用的是两个带有鲜明情绪色彩的动词。和不良风气和恶势力斗争，绝不是吹吹风、挠挠痒，必须要有敢作敢为的勇气，一往无前的冲劲，舍我其谁的担当。在这个大是大非的问题上，是绝不能当“鸵鸟”，也不能当“开明绅士”的。

因此，新一届中央领导集体履新后，铁腕反腐，“老虎苍蝇一起打”，是为“激浊”；践行八项规定，开展群众路线教育实践活动，是为“扬清”。当前，我国经济社会正处于转型时期，各种深层次矛盾逐渐凸显，社会利益关系更为复杂，党员干部是否能做到正字当头，一心为民，秉公办事，更是直接关系到国家的安危存亡。

骏马能历险，
犁田不如牛。
坚车能载重，
渡河不如舟。

【典出】清·顾嗣协《杂诗》

【原文】骏马能历险，犁田不如牛。
坚车能载重，渡河不如舟。
舍才以避短，资高难为谋。
生材贵适用，勿复多苛求。

【释义】骏马可以跨越险境，但要论耕地，比不上牛。牢固的车可以承载重物，但要论渡河，就比不上船。

每个人都有自己的才能，贵在找到合适的用途，而不能求全责备。《楚辞》中即有“尺有所短，寸有所长”的辩证描述，中国人很早就意识到了这个道理。李白诗曰“天生我材必有用”，说的就是这种自信的底气。但要有这种底气，首先来自正确的自我认识。自己究竟是驽马还是骐骥，是领导者还是执行者，强于决策还是专擅协作，每个人都应该对自己有所定位。古希腊箴言曰“认识你自己”，这实乃人间极难一事。正确地认识自己，才能有良好的心态，也才能有对自己合适的发展策略。同样，即使自己天赋异禀、才干过人，也一样要善于发现别人的优点，取其所长，补己之短，而不是眼高于顶、目中无人。

同样，让马犁地是浪费人才，驱牛冲锋则是强人所难。作为选用人才的组织部门，首先要做的也是区分不同人才的类型，继而确定他们适合的岗位。

不谋全局者，
不足以谋一域。

【典出】清·陈澹然[1]《寤言2迁都建藩议》

【原文】不谋万世者，不足谋一时；不谋全局者，不足谋一域。

【释义】要从长远考虑问题，不谋划长远，就无法谋划一时；要从全局考虑问题，不谋划全局，就无法谋划一个领域。

〔1〕 陈澹然（1859—1930），字剑潭，安徽省安庆人。家境贫寒，幼时从父读，九岁能操笔为文，聪慧异人，才思横溢。光绪十九年（1893）恩科举人。著有《江表忠略》十卷、《原人》六卷、《寤言》及《权制》八卷等。

这里讲的是整体和局部的辩证关系。整体是由多个局部组成的，而每个局部又是由更多的局部组成。所以，每个局部同样是一个整体。各级领导干部要坚持从大局出发考虑问题。全面深化改革是关系党和国家事业发展全局的重大战略部署，不是某个领域某个方面的单项改革。“不谋全局者，不足谋一域。”大家来自不同部门和单位，都要从全局看问题，首先要看提出的重大改革举措是否符合全局需要，是否有利于党和国家事业长远发展。要真正向前展望、超前思维、提前谋局。

“麻雀虽小，五脏俱全”，县域的治理包含了许多治国安民的大道理。作为基层的领导干部，“不在其位，不谋其政”是“守土有责”，但同时也应该跳出一个县的小区域，多从全省、全国的视角来思考治域中的难题，多从中国发展改革的长远来谋划县域的发展。思想决定世界的宽度，眼光决定谋划的深度，多跳出自己的“一亩三分地”，多点全局意识和历史意识，多做些战略谋划。

不知人之短，不知人之长，不知人长中之短，不知人短中之长，则不可以用人，不可以教人。

【典出】清·魏源〔1〕《默觚·治篇》

【原文】同引用

【释义】不知道一个人的短处，不清楚一个人的长处，不能洞察一个人长处中的缺陷，不能挖掘一个人短处的闪光点，这些都不能有资格去用人，也不足以教导别人。

〔1〕 魏源（1794—1857），名远达，字默深，又字墨生、汉士，号良图，湖南邵阳人，清代启蒙思想家、政治家、文学家。道光二年（1822）中举人，二十三年后进士，官至高邮知州。晚年弃官归隐，潜心佛学，法名承贯。在西方列强开始用坚船利炮打开大清国门之时，一直秉持“经世致用”为学思想的魏源，也开始主张“开眼看世界”，和林则徐一样成为近代中国最早具有世界眼光的变法者。在其著名的《海国图志》中，魏源提出了“师夷长技以制夷”的口号，认为“善师四夷者，能制四夷；不善师外夷者，外夷制之”，主张改变把西方技术认为是“奇技淫巧”、盲目自大的陈旧观念，向西方学习。担任幕僚超过二十年的魏源著作颇丰，除《海国图志》外，还有《书古微》《诗古微》《默觚》《老子本义》《圣武记》《元史新编》等。梁启超评价说，《海国图志》对日本明治维新的影响，堪比《庄子》里那副在吴越之战中起了决定性作用的“不龟手之药”。在《中国近三百年学术史》中，梁启超说：“《海国图志》之论，实支配百年来之人心，直至今日犹未脱离净尽，则其在中国历史上关系不得谓细也。”

在中国历史上，有许多见识卓越之人长期屈居潦倒之境地，这不能不说是一种遗憾。魏源就是其中一个。作为近代“开眼看世界”的代表性人物，魏源却在长达二十年的时间里仅有幕僚之位。在这部《默觚》里，魏源提出了许多关于人才的观点。如论才与德的关系，魏源就说：“专以才取人，必致取利口；专以德取人，必致取乡愿。”而在这里，魏源对“识人”的要求更加具有辩证色彩：要从人的长处中看到缺点，从短处里挖掘优势，这要求就比简单认识人的长处与短处要更高一层。孔子曾经说，“君子不以言举人，不以人废言”，说的也是要全面看待别人，不能被偏见蒙蔽。“识马”的伯乐尚且不常有，“识人”的伯乐要求就更高了。

上下同欲者胜。

【典出】《孙子·谋攻》[1]

【原文】故如胜有五：知可以战与不可以战者胜；识众寡之用者胜；上下同欲者胜；以虞待不虞者胜；将能而君不御者胜。

【释义】长官和士兵上下同心，就能打胜仗。

〔1〕 孙子即孙武（约前545—前470），字开疆，齐国（今山东广饶）人。春秋时期吴国将领，著名的军事家、政治家。尊称兵圣。他是兵法家孙膑的祖先。孙子曾率领吴国军队大破楚国军队，占领了楚的国都郢城，几近灭亡楚国。其著有巨作《孙子兵法》十三篇（始计篇、作战篇、谋攻篇、军形篇、兵势篇、虚实篇、军争篇、九变篇、行军篇、地形篇、九地篇、火攻篇、用间篇），为后世兵法家所推崇，被誉为“兵学圣典”，置于《武经七书》之首。其被译为英文、法文、德文、日文，成为世界最著名的兵学典范之一。

干好任何一件事都需要上级和下级、领导和群众广泛互动，要整合好力量，调动各方面积极性。如何做到“上下同欲”，目标统一，步调一致？就要善于从实际出发，把改进作风和增强党性结合起来，把为群众办实事和提高群众工作能力结合起来，把抓发展和抓党建结合起来，以实实在在的成效取信于民。为群众办实事既要有诚心，也要讲方法。要使办实事的过程成为宣传群众、组织群众、教育群众的过程，成为干部廉洁奉公、干净干事、在群众中树立良好形象的过程。

当下，“四个全面”战略布局正在向前推进，其难度和压力不亚于一场“战争”，要取得胜利，同样需要“上下同欲”，各级党委政府要把思想统一到中央精神上来，同时要注意调动广大党员群众的积极性。

天下篇

一花独放不是春，百花齐放春满园。

与西方的“文明冲突”和“文明终结”论迥异，中国认为文明是多样的平等的，也是包容的。海纳百川，有容乃大。秉持包容精神，就不存在“文明冲突”，就可以实现文明和谐，推动不同文明相互尊重和谐共处。在世界多极化、经济全球化、文化多样化、国际关系民主化的时代背景下，中国的新文明观对促进世界和平发展，文明和谐具有深远影响。

当下，世界范围内叫响中国梦，它和中华文明同世界各国人民创造的丰富多彩文明一道，为人类提供正确的精神指引和强大的精神动力。中国用实际行动告诉世界：中国梦是追求和平的梦，追求幸福的梦，奉献世界的梦，中国梦给世界带来的是机遇不是威胁，是和平不是动荡，是进步不是倒退。

君子一言，驷马难追。坚定不移走和平发展道路，是中国对国际社会的回应，更是中国人民实现自身发展目标的自信和自觉。这种自信和自觉，来源于中华文明的深厚渊源，来源于对实现中国发展目标条件的认知，来源于对世界发展大势的把握。

中国高速发展，给一些周边和域外国家带来压力。世界正确认识中国，不能脱离中国历史、文化，不能脱离中华民族的精神世界和当代中国的深刻变革，而要以客观、历史、多维的眼光，感知全面、真实、立体的中国。

中国是有着悠久历史文明的国家，是经历了深重苦难的国家，是实行中国特色社会主义的国家，是世界上最大的发展中国家，是正在发生深刻变革的国家，正在展示自信、友善、包容、负责任的大国形象。

自古至今，中国强调，“亲仁善邻，国之宝也”。中国国力在变，和平和友善不会变。中国这头狮子已经醒了，但这是一只和平的可亲的文明的狮子。

人生乐在相知心。国家间也一样。

亲仁善邻，国之宝也。

【典出】《左传·隐公六年》

【原文】往岁，郑伯请成于陈，陈侯不许。五父谏曰："亲仁善邻，国之宝也。君其许郑！"

【释义】与邻者亲近，与邻邦友好，是我们的国宝（也是我们坚持的原则）。

中国先秦思想家提出了“亲仁善邻，国之宝也”的思想，自古以来友善的中国人民就希望天下太平，同各国人民友好相处。亲仁善邻，是春秋时代，儒家处世原则在诸侯国关系方面的运用。当下，中国周边外交“亲、诚、惠、容”的四字理念，可谓一脉相承。

和如羹焉，水、火、醯[1]、醢[2]、盐、梅，以烹鱼肉。声亦如味，一气，二体，三类，四物，五声，六律，七音，八风，九歌，以相成也。若以水济水，谁能食之？若琴瑟之专一，谁能听之？

【典出】《左传·昭二十年》

【原文】同引用

【释义】“和”就像做羹一样，需要水煮火烧，需要醋酱盐梅等调料在一起，才能烹出鲜美的鱼和肉。声音和味道一样，一气，二体，三类，四物，五声，六律，七音，八风，九歌，它们在一起才能发出美妙的声音。如果只用水煮水，谁愿意喝呢。如果只用一种乐器弹奏，谁愿意听呢。

〔1〕 醯音 xī，醋。
〔2〕 醢音 hǎi，肉酱。北宋时期司马光《训俭示康》中，有“脯醢菜羹”之语。

中国人早就懂得了“和而不同”的道理。生活在2500年前的中国史学家左丘明在《左传》中记录了齐国上大夫晏子关于“和”的一段话:“和如羹焉，水、火、醯、醢、盐、梅，以烹鱼肉。声亦如味，一气，二体，三类，四物，五声，六律，七音，八风，九歌，以相成也。若以水济水，谁能食之？若琴瑟之专一，谁能听之?”当今世界，人类生活在不同文化、种族、肤色、宗教和不同社会制度所组成的世界里，各国人民形成了你中有我、我中有你的命运共同体。世界上有两百多个国家和地区，两千五百多个民族和多种宗教。如果只有一种生活方式，只有一种语言，只有一种音乐，只有一种服饰，那是不可想象的。

君子一言，驷马难追。

【典出】《邓析子·转辞》[1]

【原文】一言而非，驷马不能追；一言而急，驷马不能及。

【释义】一句话说出了口，就是套上四匹马的快车也难追上。

〔1〕《邓析子》相传为春秋时代名家邓析所作，有人指出内容掺杂其他家说法。《四库全书》将其归入子部法家类。《邓析子》分为《无厚篇》与《转辞篇》两篇，《无厚篇》所强调的是君主与臣民的共生关系，劝勉君王治国时应该以平等的心对待臣民，归结到最后就是无厚，是民本的反映。

中国人历来讲究，以真诚之心，行信义之事，曾留下商鞅南门立木等很多有关诚信的故事。中国走和平发展道路，说到做到。现在，国际上有人担心，中国发展起来后会不会也搞霸权主义、欺负别人。这种担心完全没有必要。中国已经多次向国际社会庄严承诺，中国将坚定不移走和平发展道路，永远不称霸，永远不搞扩张。“君子一言，驷马难追。”中国说话是算数的，实践已经证明中国是说到做到的。中国也希望世界各国都走和平发展道路，共同致力于促进世界和平与发展。

有朋自远方来，不亦乐乎。

【典出】《论语·学而》

【原文】子曰："学而时习之，不亦说乎？有朋自远方来，不亦乐乎？人不知而不愠，不亦君子乎？"

【释义】有朋友从远方来，怎么能不高兴呢。

中国人热爱朋友，也尊重朋友。“有朋自远方来，不亦乐乎”流传千年而不衰背后，是中国人对这一观点的深刻认同和践行。现在，每年从五大洲四大洋有大量朋友来中国出差旅游，同时，诸多大型国际会议在中国召开，的确给中国提供了展现融入国际社会的积极心态和良好国民素质的机会。交流日广，给我们带来发展的同时，不同文化的摩擦在所难免。作为普通公民，怎样展现新时期的国民心态？每个人都应该从这句短短的箴言中汲取营养。

己所不欲，勿施于人。

【典出】《论语·卫灵公》

【原文】子贡问曰：“有一言而可以终身行之者乎？”子曰：“其恕乎！己所不欲，勿施于人。”

【释义】如果自己不喜欢或做不到，不要强加于别人。

“己所不欲，勿施于人”，是孔子的经典妙句，也是中华民族的重要信条，讲明了处理人际关系的重要原则。尊重他人，平等待人，才有真朋友。这八个字也就是人们常说的“恕道”，一个“恕”字，道出人与人、国与国之间的交往，就在于要将心比心。

物之不齐，物之情也。

【典出】《孟子·滕文公上》

【原文】曰："夫物之不齐，物之情也。或相倍蓰，或相什百，或相千万。子比而同之，是乱天下也。巨屦小屦同贾，人岂为之哉？从许子之道，相率而为伪者也，恶能治国家？"

【释义】物品千差万别，这是客观情形，自然规律。

一棵树上，找不到完全相同的树叶；一片沙漠中，找不到完全一样的沙粒。各国各地均有自己的文明形态，千差万别，这是客观情形，也是历史必然。文明交流互鉴不应该以独尊某一种文明或者贬损某一种文明为前提。无论是法国卢浮宫还是中国故宫博物院，它们珍藏着千万件艺术珍品，吸引人们眼球的正是其展现的多样文明成果。中国人在两千多年前就认识到了“物之不齐，物之情也”的道理。推动文明交流互鉴，可以丰富人类文明的色彩，让各国人民享受更富内涵的精神生活、开创更有选择的未来。

穷则独善其身，
达则兼善天下。

【典出】《孟子·尽心上》

【原文】曰：“尊德乐义，则可以嚣嚣矣。故士穷不失义，达不离道。穷不失义，故士得己焉；达不离道，故民不失望焉。古之人，得志，泽加于民；不得志，修身见于世。穷则独善其身，达则兼善天下。”

【释义】不得志时就洁身自好修养个人品德，得志时就使天下都能得到帮助和利益。

“穷则独善其身，达则兼善天下”，这是中华民族始终崇尚的品德和胸怀。中国梦是十三亿多中国人民的民族复兴梦，也是奉献世界、共促发展的梦，所以我们提出了亚太梦、拉美梦、非洲梦等，目的在于用自己的发展红利，带动更多的国家一起和平发展。中国一心一意办好自己的事情，既是对自己负责，也是为世界作贡献。随着中国不断发展，中国也定会继续尽己所能，为世界和平与发展作出自己的贡献。

万物并育而不相害，道并行而不相悖。

【典出】《礼记·中庸》

【原文】仲尼祖述尧舜，宪章文武，上律天时，下袭水土。辟如天地之无不持载，无不覆帱。辟如四时之错行，如日月之代明。万物并育而不相害，道并行而不相悖。小德川流，大德敦化。此天地之所以为大也！

【释义】万物同时生长而不相妨害；日月运行四时更替而不相违背。

宇宙和大自然的法则中，包容精神与和合之道随处可见。中国古人用“万物并育而不相害，道并行而不相悖”加以概括。周总理在日内瓦会议中曾引用过《礼记·中庸》中的这句经典，被评论者认为“这是国与国共处之道，也是人与人相处之道”。当下，中国提出“实现中华民族伟大复兴”的中国梦，世界不少国家也有自己的梦，如美国梦、法国梦、非洲梦等。中国梦与其他国家的梦，也是“万物并育而不相害，道并行而不相悖”。

国虽大，
好战必亡。

【典出】《司马法》[1]

【原文】国虽大，好战必亡；天下虽平，忘战必危。

【释义】国家即便再强大，如果喜欢战争也必然会灭亡。

〔1〕《司马法》是我国古代一部著名的兵书。相传是司马穰苴所写，但到了西汉后渐失传。它是我国古代重要兵书之一，约成书于战国初期。汉代对《司马法》评价很高。《司马法》流传至今已两千多年，亡佚很多，现仅残存五篇。司马穰苴即田穰苴，生卒年不详，春秋末期齐国人，曾率齐军击退晋、燕入侵之军，因功被封为大司马，子孙后世称司马氏。由于年代久远，其事迹流传不多，但其军事思想却影响巨大。

“国虽大，好战必亡；天下虽平，忘战必危”一句，辩证地分析了战争与国家兴衰的关系：好战的国家必然灭亡，而没有战备的国家就会处于危险之中。中华民族是爱好和平的民族。一个民族最深沉的精神追求，一定要在其薪火相传的民族精神中来进行基因测序。有着五千多年历史的中华文明，始终崇尚和平，和平、和睦、和谐的追求深深植根于中华民族的精神世界之中，深深溶化在中国人民的血脉之中。中国自古就提出了“国虽大，好战必亡”的箴言。“以和为贵”“和而不同”“化干戈为玉帛”“国泰民安”“睦邻友邦”“天下太平”“天下大同”等理念世代相传。我们坚持走和平发展道路，是对几千年来中华民族热爱和平的文化传统的继承和发扬。

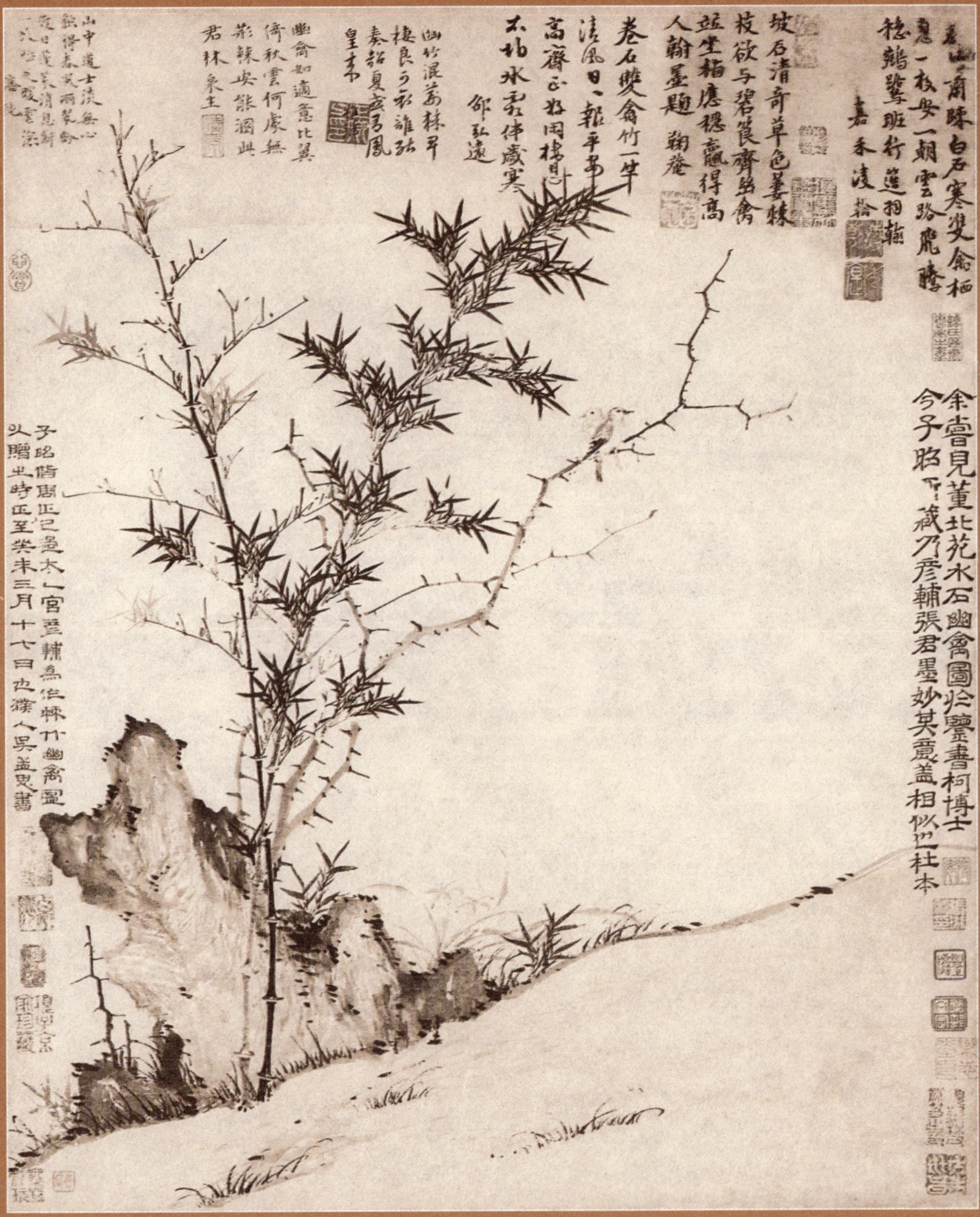

元代 · 张彦辅《棘竹幽禽图》

元代 · 黄公望《富春山居图》

志合者，不以山海为远。

【典出】晋·葛洪《抱朴子·博喻》[1]

【原文】志合者，不以山海为远；道乖者，不以咫尺为近。故有跋涉而游集，亦或密迩而不接。

【释义】如果两人志趣相同，他们不会因为有山海阻隔而感到彼此距离很远。

---

〔1〕 葛洪（284—364），字稚川，自号抱朴子，句容（今江苏句容）人，东晋道教学者、著名炼丹家、医药学家。三国方士葛玄之侄孙，世称小仙翁。他曾受封为关内侯，后隐居罗浮山炼丹。《抱朴子》分内、外篇。今存“内篇”二十篇，论述神仙、炼丹、符箓等事，“外篇”五十篇，论述“时政得失，人事臧否”。“外篇”中《钧世》《尚博》《辞义》《文行》等篇，还涉及关于文学理论批评的内容。全书总结了战国以来神仙家的理论，确立了道教神仙理论体系，并继承了魏伯阳的炼丹理论，集魏晋炼丹术之大成。《抱朴子》在道教经典体系中具有重要的地位，同时也是研究我国晋代以前道教史及思想史的宝贵材料。

《论语·卫灵公》中有句“道不同，不相为谋”，比喻意见或志趣不同的人就无法共事。与此相对，《抱朴子》中有句“志合者，不以山海为远”，意思是志趣相同的人，距离再远也不远。

海内存知己，天涯若比邻。

【典出】唐·王勃《送杜少府之任蜀州》[1]

【原文】城阙辅三秦，风烟望五津。
与君离别意，同是宦游人。
海内存知己，天涯若比邻。
无为在歧路，儿女共沾巾。

【释义】四海之内有知心朋友，远在天边就好像近在眼前。

〔1〕王勃（约650—676），字子安，古绛州龙门（今山西河津）人，唐代诗人。王勃与杨炯、卢照邻、骆宾王齐名，世称“初唐四杰”，王勃是“初唐四杰”之首。他们四人反对六朝以来颓废绮丽的风气，“思革其弊，用光志业”，致力于改革六朝文风，提出一些革新意见，开始把诗文从宫廷引向市井，从台阁移到江山和边塞，题材扩大了，风格也较清新刚健，对于革除齐梁余风、开创唐诗新气象，起了重要的作用。经过他与同时代的人的努力，“长风一振，众荫自偃，积年绮碎，一朝清廓”，以独具特色的文风，奠定了他在中国文学史上的地位。

中国人尚情义重朋友，传统文化中有不少送别诗，其中唐诗人王勃的《送杜少府之任蜀州》尤为知名。一句“海内存知己，天涯若比邻”，传颂千年而不衰。作为一个国家，中国有很多朋友，有些很近，有些虽与中国远隔千山万水，却仍是知己。

浩渺行无极，
扬帆但信风。

【典出】唐·尚颜《送朴山人归新罗》[1]

【原文】浩渺行无极，扬帆但信风。
云山过海半，乡树入舟中。
波定遥天出，沙平远岸穷。
离心寄何处，目断曙霞东。

【释义】在浩渺大海上，坐船去遥远的地方，扬起风帆来，相信海风会把你带到目的地。

〔1〕 尚颜，唐末和尚，俗姓薛，字茂圣，汾州人。生卒年不详，约唐僖宗中和初前后在世。出家荆门，工五言诗。

唐代是一个开放的年代，与各国民间交往频繁。唐末僧人尚颜，送别一位朝鲜隐士，作诗《送朴山人归新罗》。开篇一句“浩渺行无极，扬帆但信风”即显水平和境界。他告诉朋友，虽然海面宽广，此行甚远，扬起帆来，相信海风会把你带到目的地。今天，极为广阔的太平洋，有足够的共赢空间，有良好的发展势头，亚太是我们共同发展的空间，我们都是亚太这片大海中前行的风帆。亚太未来发展攸关亚太经合组织每个成员的利益。中国希望同亚太伙伴们携手同心，共同创建引领世界、惠及各方、造福子孙的美好亚太。

不畏浮云遮望眼

【典出】宋·王安石《登飞来峰》

【原文】飞来山上千寻塔，闻说鸡鸣见日升。
不畏浮云遮望眼，自缘身在最高层。

【释义】高瞻远瞩的人，不怕被浮云遮蔽住眼睛。

人之相交，不在一时一地。国之相交，尤其要登高望远。五十年来，中法历代领导人以登高望远的战略眼光，“不畏浮云遮望眼”，坚持不懈进行着超越集团对抗、求同存异、和平共处、互利共赢的探索和实践。

人生乐在相知心

【典出】宋·王安石《明妃曲（其二）》

【原文】明妃初嫁与胡儿，毡车百辆皆胡姬。
含情欲语独无处，传与琵琶心自知。
黄金杆拨春风手，弹看飞鸿劝胡酒。
汉宫侍女暗垂泪，沙上行人却回首。
汉恩自浅胡恩深，人生乐在相知心。
可怜青冢已芜没，尚有哀弦留至今。

【释义】人生中最快乐的事，就是有知心人。

朋友间需要互相了解，国家间更需要互相理解认同。中国人民和非洲人民有着天然的亲近感。“人生乐在相知心。”中非如何知心？很重要的一点就是要通过深入对话和实际行动获得心与心的共鸣。近年来，随着中非关系发展，中非人民越走越近。一些非洲朋友活跃在中国文艺舞台上，成了中国家喻户晓的明星。中国电视剧《媳妇的美好时代》在坦桑尼亚热播，使坦桑尼亚观众了解到中国老百姓家庭生活的酸甜苦辣。

等闲识得东风面，
万紫千红总是春。

【典出】宋·朱熹《春日》

【原文】胜日寻芳泗水滨，无边光景一时新。
等闲识得东风面，万紫千红总是春。

【释义】春天的面容与特征是很容易辨认的，这万紫千红的景象全是由春光点染而成。

每一种文明都延续着一个国家和民族的精神血脉，既需要薪火相传、代代守护，更需要与时俱进、勇于创新。中国人民在实现中国梦的进程中，将按照时代的新进步，推动中华文明创造性转化和创新性发展，激活其生命力，把跨越时空、超越国度、富有永恒魅力、具有当代价值的文化精神弘扬起来，让收藏在博物馆里的文物、陈列在广阔大地上的遗产、书写在古籍里的文字都活起来，让中华文明同世界各国人民创造的丰富多彩的文明一道，为人类提供正确的精神指引和强大的精神动力。

一花独放不是春，
百花齐放春满园。

【典出】《古今贤文》[1]

【原文】同引用

【释义】只有一朵花开放，不能算是春天，只有百花齐放的时候，满园都是春天。

〔1〕《古今贤文》即《增广贤文》，是中国明代时期编写的道家儿童启蒙书，又名《昔时贤文》，此书最迟写成于万历年间。此书集结了从古到今的各种格言、谚语。后来，经过明、清两代文人的不断增补，称《增广昔时贤文》，通称《增广贤文》。

世界经济形势不甚明朗，中国一枝独秀之时，没有忘记亚洲和世界；文明冲突论和文明终结论横行之时，中国特色社会主义却有声有色，东方文明大放异彩。一个是经济，一个是文明，这背后都有政治。如果世界上只有一种花朵，就算这种花朵再美，那也是单调的。不论是中华文明，还是世界上存在的其他文明，都是人类文明创造的成果。世界各国联系紧密、利益交融，要互通有无、优势互补，在追求本国利益时兼顾他国合理关切，在谋求自身发展中促进各国共同发展，不断扩大共同利益汇合点。

海纳百川，有容乃大。

【典出】清·林则徐自勉对联〔1〕

【原文】海纳百川，有容乃大；壁立千仞，无欲则刚。

【释义】要像大海能容纳无数江河的水一样，心胸宽广才是真的强大。

〔1〕“海纳百川”出自晋·袁宏《三国名臣序赞》“形器不存，方寸海纳”；“有容乃大”化自《尚书·君陈》“有容，德乃大”。

民族英雄林则徐一副自勉对联：“海纳百川，有容乃大；壁立千仞，无欲则刚。”至今为人广泛引用。他所倡导的“有容”和“无欲”，饱含做人道理。一个国家的形象是否高大，同样如此。中国坚持开放包容，为促进共同发展提供广阔空间。我们应该尊重各国自主选择社会制度和发展道路的权利，消除疑虑和隔阂，把世界多样性和各国差异性转化为发展活力和动力。我们要秉持开放精神，积极借鉴其他地区发展经验，共享发展资源，推进区域合作。

附

美人之美，
美美与共。[1]

【典出】费孝通语

【原文】各美其美，美人之美，美美与共，天下大同。

【释义】人们要懂得各自欣赏自己创造的美，还要包容欣赏别人创造的美，这样将各自之美和别人之美拼合在一起，就会实现理想中的大同美。

〔1〕 本句本不应算作是“古典名句”，因为这是1990年，著名社会学家费孝通先生提出的“十六字箴言”。但在我们看来，这句话不仅具有丰富的古典内涵，也很好地阐述了处理不同文化之间关系时应遵循的原则。事实上，这种尊重文化多样性并且希望通过文明间的对话、交流增进理解，达至“天下大同”境界的外交思想，也是中国政府一贯秉持的立场。因此，我们把此句附在“天下篇”的末尾呈现。

1990年，费孝通先生在八十寿辰聚会上，讲了十六字箴言：“各美其美，美人之美，美美与共，天下大同”。这是他对中国传统文化中“君子和而不同”的新的阐释。中国与世界各国要加强文明对话和文化交流，不仅“各美其美”，而且“美人之美，美美与共”，成为不同文明和谐共处、相互促进的典范。

后　记

如何将中国古代经典中蕴含的丰富的治国理政智慧，以更典雅的方式传递给广大读者，以更生动的形式向世界表达？必须找个适当的切口。

2014 年 5 月，在人民日报海外版总编辑张德修的指挥下，几位年轻人组成了编辑组。杨凯、陈振凯、张远晴牵头策划整理，申孟哲、刘少华参加钩沉注释，对中国古代经典进行梳理，初步整理出引用率较高的一百四十余条古典名句，然后按中国古典的政治理路，分为修身、为学、民本、官德、治理、天下六个篇目。

本书能够最后付梓，要特别感谢人民出版社和为此付出辛勤劳动的同志们。

让我们一起习得经典，领略智慧。

编　者

2015 年 1 月